U0838089

书法筑梦

书法字体创新者叶根友的奋斗人生

叶根友 著

中国经济出版社
CHINA ECONOMIC PUBLISHING HOUSE

图书在版编目（CIP）数据

书法筑梦 ：书法字体创新者叶根友的奋斗人生 / 叶根友著. -- 北京 ：中国经济出版社，2025. 1. -- ISBN 978-7-5136-7533-8

Ⅰ. K825.5

中国国家版本馆 CIP 数据核字第 202442ZM28 号

策划编辑　崔姜薇
责任编辑　王骏雄
责任印制　马小宾
封面设计　唐曾平　李　萌

出版发行　中国经济出版社
印 刷 者　北京富泰印刷有限责任公司
经 销 者　各地新华书店
开　　本　880mm × 1230mm　1/32
插页印张　0.25
印　　张　6.75
字　　数　100 千字
版　　次　2025 年 1 月第 1 版
印　　次　2025 年 1 月第 1 次
定　　价　68.00 元
广告经营许可证　京西工商广字第 8179 号

中国经济出版社　**网址** http://epc.sinopec.com/epc/　**社址** 北京市东城区安定门外大街 58 号　**邮编** 100011
本版图书如存在印装质量问题，请与本社销售中心联系调换（联系电话：010-57512564）

版权所有　盗版必究（举报电话：010-57512600）
国家版权局反盗版举报中心（举报电话：12390）　服务热线：010-57512564

中国梦“梦”字应用（2014 年启用）

叶根友创作的“中国梦”系列作品，以书法的形式表达了对国家发展和民族复兴的愿景。“梦”字在他的作品中通常被赋予深刻的内涵和象征意义，代表着中华民族伟大复兴的梦想，以及每个中国人心中对于美好生活的向往和追求。

叶根友为电影《功守道》题字，巧妙地将太极哲学的精髓“取与舍、推与让”融入这幅作品的创作中。他以隶书的坚实风骨为基础，笔力遒劲而富含柔和之美，完美展现了动静相宜、刚柔并济的艺术效果，这与太极文化中动静平衡、阴阳和谐的精髓相得益彰。

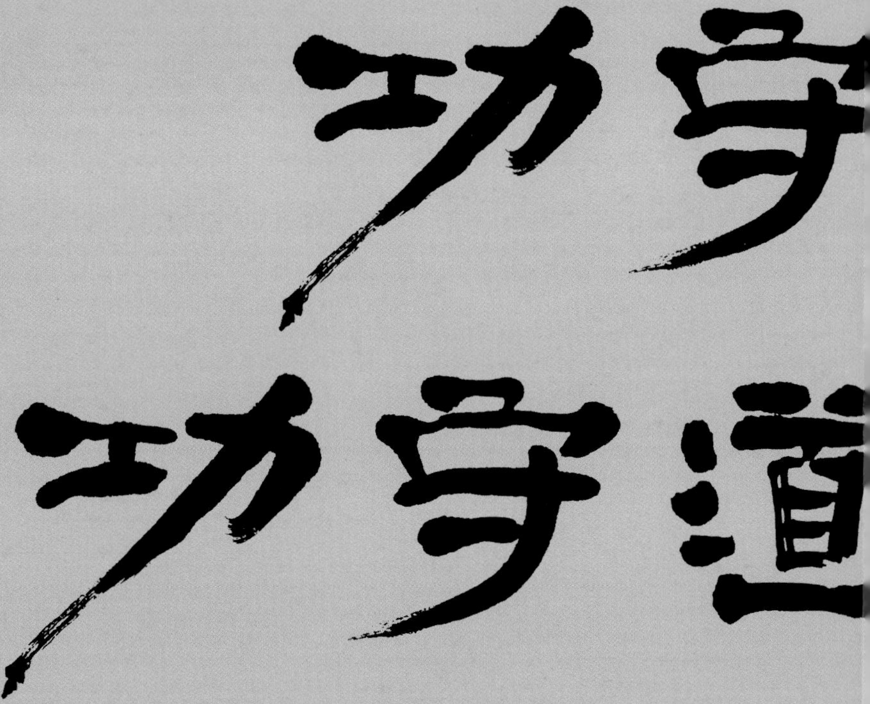

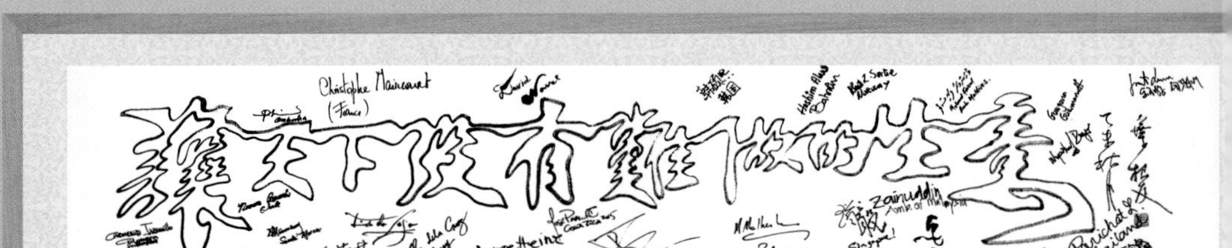

2015 年，为天猫双 11 购物节启动书写连笔空心字：“让天下没有难做的生意”，全球 39 个国家驻华使节以及马云先生在该作品上签名。

遍布全国的叶根友书法字体应用场景（部分）

《中国旅游报》报名标识

浙江省嘉兴市
“西塘”古镇标识牌

浙江省温州市旅游品牌、
宣传口号“诗画山水”标识牌

广东省东莞市“滨海湾大桥”标识牌

四川省甘孜藏族自治州折多
山地标石碑“西出折多”

吉林省白山市长白朝鲜族自治县
“鸭绿江”地标石碑

浙江省丽水市景
宁畲族自治县
“敕木山”地标石碑

2013 年湖南卫视
《快乐男声》宣传语
“唱的响亮”

大连财经学院校名标识

广东省镇远中学校名标识

浙江省行知小学校名标识

贵州“神龙人酒”品牌标识

四川蜀九鼎火锅店门头

叶根友书法字体

叶根友字体

名称一览（节选）

叶根友空心简体
叶根友钢笔行书简体
叶根友梦度体
葉根友行書（繁）
叶根友毛笔特色简体
叶根友特楷简体
叶根友特楷形空
叶根友度黑
叶根友国韵体
叶根友微宋
叶根友微宋重黑
叶根友桶装银钩
叶根友刀锋黑草
叶根友朗捷扬
叶根友静益体
叶根友弘志汉典
叶根友微乐黑
叶根友蚕燕隶书
叶根友畅行书
叶根友阁宋微粗
叶根友微刚

叶根友万墨隶书
叶根友小京楷
叶根友童体
叶根友疾风草书
叶根友凌典空
叶根友微宋特黑
叶根友唐楷飞墨
叶根友优典手写
叶根友分旗空
叶根友微刚轻幻
叶根友阁宋扬行
叶根友风帆简体
叶根友特隶简体
叶根友毛笔行书简体
叶根友特色空心简体
叶根友韵柔
叶根友签名体
叶根友蚕燕隶书
叶根友智情体
叶根友切诺古碑
叶根友依凤简
叶根友微黑
叶根友新特宋
叶根友点墨狼草

叶根友爵宋体
叶根友仿刻综字体
叶根友美霸书
叶根友美赞体
叶根友神工体
叶根友圆趣卡通体
叶根友轻绘体
叶根友阁极道
叶根友破若墨极
葉根友古刻体
叶根友唐楷卡黑
叶根友飘悦飞草
叶根友朗雅行
南构流韵体
叶根友朗月书
叶根友微蝉云
叶根友IPADPRO手写
太极禅苑禅意体
叶根友散墨手写
叶根友小细楷
叶根友尚悦铂黑
叶根友非主流字体
叶利航快乐书颂
叶利航九龄手书

叶根友书法作品赏析——《雪峰山赋》

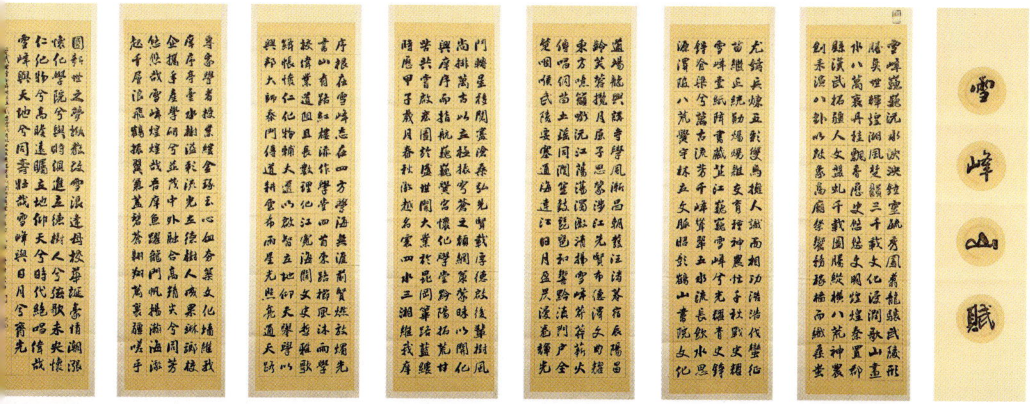

叶根友书法作品赏析——《水调歌头》

特别致谢

编写顾问 孙菁颐 张晓明 于 辉 夏海鹏 陈 泵 叶利航 陈佳钰 陆小青 吴腾飞 陈嘉雯

项目统筹 方 婕 程 东

法律顾问 高 云

内容支持 丑故事 | 访谈、觉察、记录，撰写生命成长故事

本书中的叶根友字体示例

叶根友微刚体

叶根友刀峰黑草

南构榜书

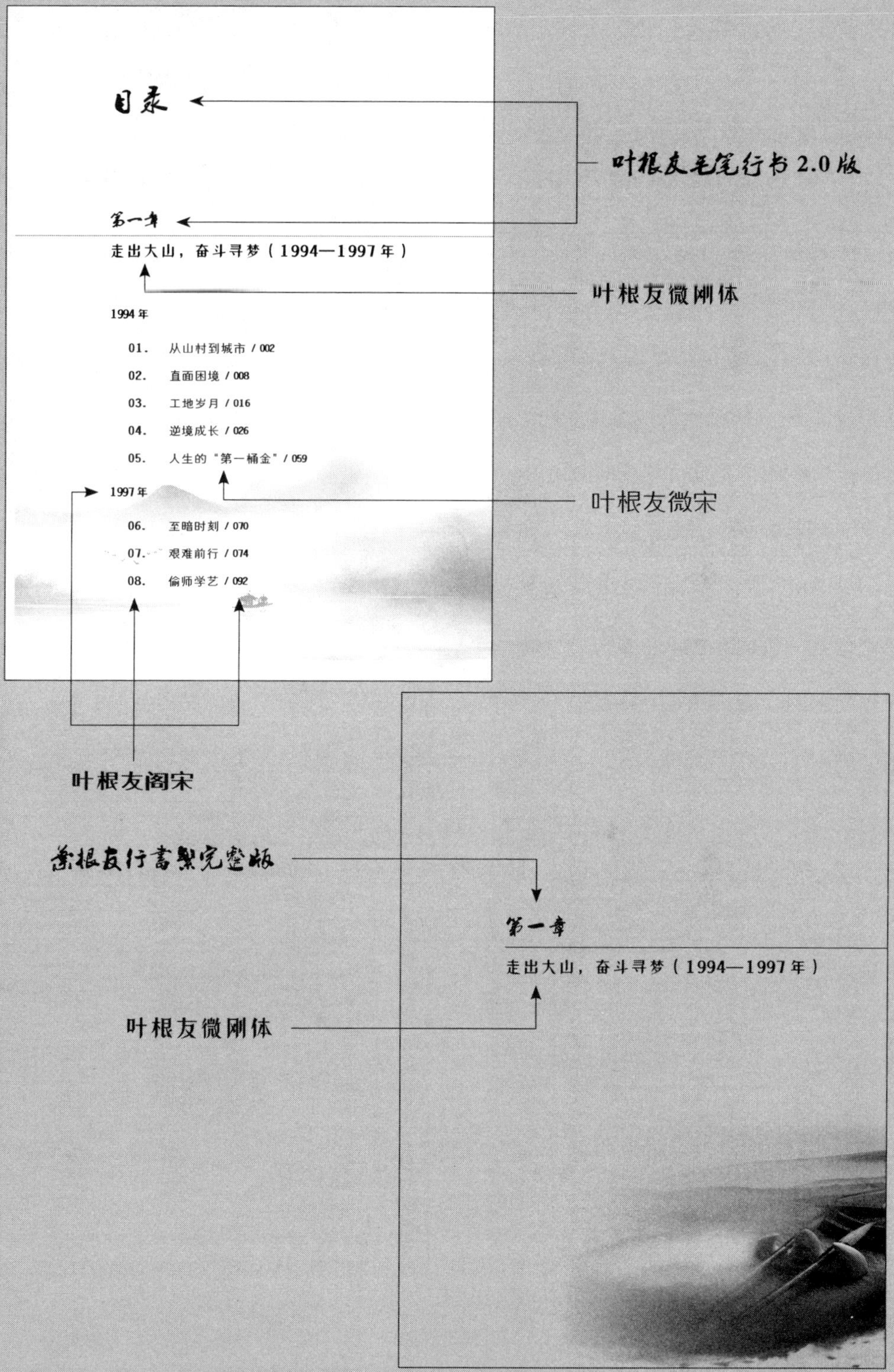
目录
叶根友毛笔行书2.0版
第一章
走出大山，奋斗寻梦（1994—1997年）
叶根友微刚体
1994年
01. 从山村到城市 / 002
02. 直面困境 / 008
03. 工地岁月 / 016
04. 逆境成长 / 026
05. 人生的"第一桶金" / 059
叶根友微宋
1997年
06. 至暗时刻 / 070
07. 艰难前行 / 074
08. 偷师学艺 / 092
叶根友阁宋
葉根友行書繁完整版
第一章
走出大山，奋斗寻梦（1994—1997年）
叶根友微刚体

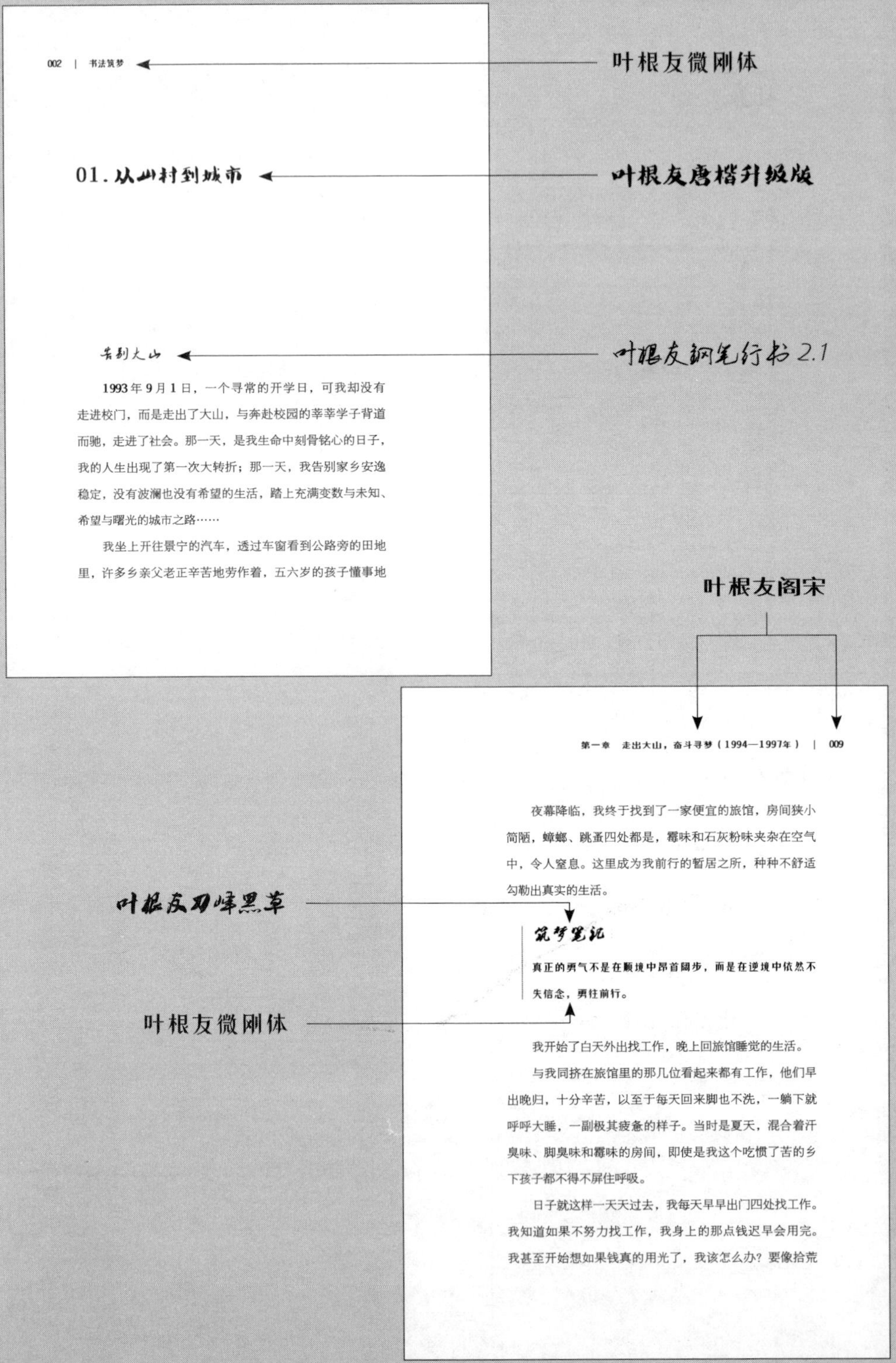
002 | 书法筑梦
叶根友微刚体
01. 从山村到城市
叶根友唐楷升级版
告别大山
叶根友钢笔行书 2.1
1993 年 9 月 1 日，一个寻常的开学日，可我却没有走进校门，而是走出了大山，与奔赴校园的莘莘学子背道而驰，走进了社会。那一天，是我生命中刻骨铭心的日子，我的人生出现了第一次大转折；那一天，我告别家乡安逸稳定，没有波澜也没有希望的生活，踏上充满变数与未知、希望与曙光的城市之路……
我坐上开往景宁的汽车，透过车窗看到公路旁的田地里，许多乡亲父老正辛苦地劳作着，五六岁的孩子懂事地
叶根友阁宋
第一章 走出大山，奋斗寻梦（1994—1997年） | 009
夜幕降临，我终于找到了一家便宜的旅馆，房间狭小简陋，蟑螂、跳蚤四处都是，霉味和石灰粉味夹杂在空气中，令人窒息。这里成为我前行的暂居之所，种种不舒适勾勒出真实的生活。
叶根友刀峰黑草
筑梦笔记
真正的勇气不是在顺境中昂首阔步，而是在逆境中依然不失信念，勇往前行。
叶根友微刚体
我开始了白天外出找工作，晚上回旅馆睡觉的生活。
与我同挤在旅馆里的那几位看起来都有工作，他们早出晚归，十分辛苦，以至于每天回来脚也不洗，一躺下就呼呼大睡，一副极其疲惫的样子。当时是夏天，混合着汗臭味、脚臭味和霉味的房间，即使是我这个吃惯了苦的乡下孩子都不得不屏住呼吸。
日子就这样一天天过去，我每天早早出门四处找工作。我知道如果不努力找工作，我身上的那点钱迟早会用完。我甚至开始想如果钱真的用光了，我该怎么办？要像拾荒

推荐序

叶根友老师是我的好朋友，也是我们太极禅苑独家签约的书法家，他的书法人生很励志。

叶老师5岁时就跟着父亲春节给同村的村民写春联，尽管当时他字都不认识。

叶老师的人生很跌宕，做过厨师、小贩，在天桥上给人设计过签名，落魄时也曾露宿街头，但任何时候他都没有丢弃过书法之梦，仿佛他来人间只有这个使命。

在认识叶老师之前，我以为中国书法就那么几种字体，后来才知道，叶老师自己就创作了数十种字体，而且还给每套字体设计了名字，大街小巷随处可见的“中国梦”的“梦”字就选用了叶老师“刀锋黑草体”的“梦”字。

叶老师的连笔空心字和“五笔同书”是书法界的传奇。

叶老师还热心帮助很多人设计过字体，特别有意义的是帮助外国人设计中文字体，并发布在网上。

叶老师特别勤奋，每天早上四五点就起床练字，当别人吃早饭的时候，他已经练字数小时了。

叶老师还特别与时俱进，能抓住时代的脉搏，他把中文字体与 AI 结合，并不断完善，你只要写几个字，就可以根据你写字的特点，帮你生成一套专属字库！

期待叶老师在书法道路上越走越好，不断给我们带来新的惊喜！

陈　伟
阿里巴巴太极禅苑院长
马云先生特别助理
《这就是马云》作者

目录

第一章

走出大山，奋斗寻梦（1994—1997年）

第二章

书法艺术探索与成长(1998—2004年)

第三章

书法艺术创新与突破（2005—2024 年）

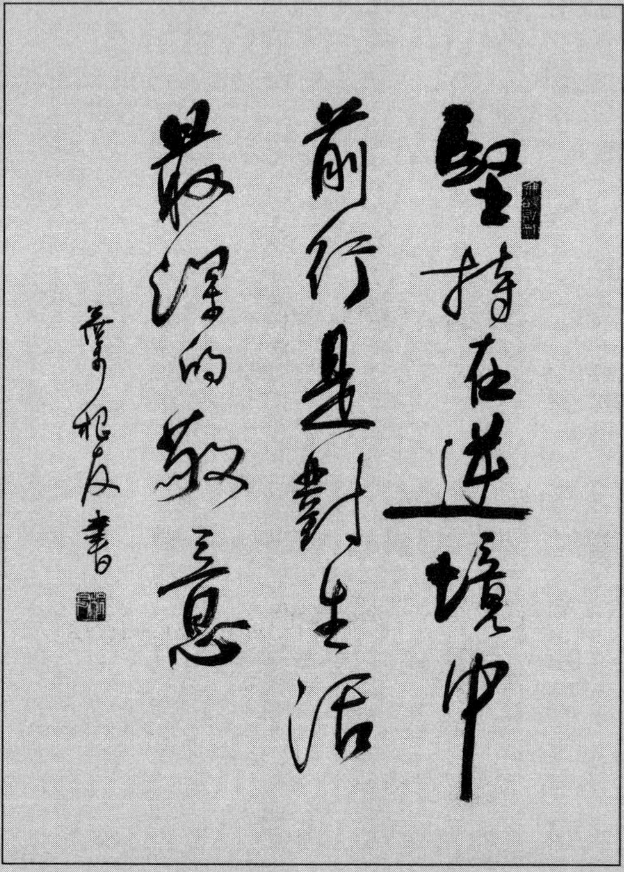
坚持在逆境中
前行是对生活
最深的敬意

第一章

走出大山，奋斗寻梦（1994—1997年）

01. 从山村到城市

告别大山

1993年**9**月**1**日，一个寻常的开学日，可我却没有走进校门，而是走出了大山，与奔赴校园的莘莘学子背道而驰，走进了社会。那一天，是我生命中刻骨铭心的日子，我的人生出现了第一次大转折；那一天，我告别家乡安逸稳定，没有波澜也没有希望的生活，踏上充满变数与未知、希望与曙光的城市之路……

我坐上开往景宁的汽车，透过车窗看到公路旁的田地里，许多乡亲父老正辛苦地劳作着，五六岁的孩子懂事地跟在大人后面捡拾稻谷，稚嫩的肩膀上扛着与他们个头差不多的竹篮……

在此之前的每一个日子，我看到的都是这样的景象。但如今，身体里那颗不甘平凡的心脏强有力地跳动着，我一定要离开。遥望着背后离我越来越远、变得越来越小的家乡，一股酸楚涌上心头，不舍之情难以言说。毕竟，这是生我养我16年的地方。

我出生于浙江省丽水市景宁县梅坞村，这里的生活极其单调无味：男人每天去田间劳作，日出而耕，日落而息；女人在家里收拾家务，喂鸡养鸭，挑水做饭，等男人和孩子回家吃饭；孩子白天上学，下午放学后上山砍柴。这种生活或许就是陶渊明笔下的田园风光。

后来，每当我接受采访介绍家乡的时候，许多记者都会对这样的田园生活艳羡不已，尤其那些在大城市住惯的人，感觉这样的生活简单、惬意。有青山环抱、绿水环绕，有溪水潺潺、鸟鸣啾啾。没有城市马路的拥挤不堪，只有羊肠小道的曲径通幽。

当然，如果只是短暂地体验几日这样的生活，的确会有种回归自然、悠闲轻松的感觉。但对于像我一样，从出生之日起就待在这里的人来说，更多的是一种不安与挑战。

我曾经立志：要将自己的青春年华投入更广阔的天地中，要让我的人生理想在更大的舞台上实现，也希望我的子孙后代能生活在充满理想和希望的地方。汽车缓缓开动，窗外两侧的土屋、枯木、田地、大山由慢到快地向后飞驰，我对即将到来的新生活充满了期待，只想汽车快点，再快点，让我奔向未来的一切。

车内响起了当时风靡的流行歌曲《水手》："苦涩的沙吹痛脸庞的感觉，像父亲的责骂母亲的哭泣永远难忘记……"这是我最喜欢的歌曲，不仅歌词振奋人心，创作者本身的故事也深深激励着我。

《水手》的词曲作者是中国台湾歌手郑智化，他是一位残疾人。通过自己的不懈努力，一跃成为风靡一时的歌坛巨星。既然他能成为巨星，我为什么做不到？比起他来，我最起码四肢健全。

我闭上眼睛，听着郑智化慷慨激昂的歌声，脑海中不时浮现出自己过去的身影……

回首往昔

在梅坞村儿时的我，一放学就去田里帮父亲种田、插秧。到了暑假，我还要到山上去砍柴，每天下来都是腰酸腿痛，回家吃完饭后，还要赶紧写作业。在漆黑的夜里，在只有黄豆大小的煤油灯下，只有粗糙的铅笔在本子上摩擦发出“唰唰”声，我的汗珠时不时滚落下来，打湿了作业本。

屋内除了煤油灯的光，还有父亲点燃着的烟头发出的一闪一闪的暗光。借着煤油灯和烟头的光亮，我看清楚了父亲那与年龄不符的布满皱纹的脸。

没有蚊帐、蚊香，家中只有一把扇子，我们扇着扇子入睡，既是为了纳凉，也是为了驱赶蚊虫。

到了秋天，落叶满山遍野，散发着一股浓浓的怪味，而此时的动物——小至老鼠、蛇，大至野猪，纷纷在山间出没。我每次在林中砍柴时，伴着近处窸窸窣窣的声音，以及远处猛然响起的怪声，难免有些心惊胆战。

我偶尔也会问父母："为什么我们不能像城里人那样？为什么他们不用种庄稼就能吃得比我们好？为什么他们就可以住在高楼大厦中，而我们却只能住在一下雨就担心山洪或泥石流暴发的山中土屋里？"

每当我问这个问题时，他们只是摇摇头，用略带伤感的语气对我说："孩子，这就是命，你这辈子就是农民，不要胡思乱想了，还是想想今天能砍多少柴吧。"

直到一部新加坡电视剧的出现，我的内心发生了改变，这部电视剧的剧名叫《出人头地》。它讲的是三个农村青年，通过自己的选择与努力，走上了不同的人生道路。剧中的男主角重光对我影响至深，直到今天，回想起这部电视剧和主人公时，我依然感触很深。记得这部电视剧上映时，我和同学逃课去看，虽然回家后免不了一顿皮肉之苦，但精神上却得到了无限的满足。我感觉自己的境况与重光极为相似，我们的性格也很相近，为什么他能成功，而我就必须在农村待一辈子？

出生成长在这样的普通农村家庭，就好像命运与我开了一个玩笑，我一切都要自己安排、一切都只能靠自己。我想到了一个故事“温水煮青蛙”，当你用温水煮一只青蛙的时候，水慢慢加热，青蛙会不知不觉地被烫死；但如果你把青蛙放到沸水中，它就会不顾一切往外跳，最终可以获得一条生路。我不愿也不能成为故事中被烫死的青蛙，我不想一辈子在山里农耕，我要“跳”出去，生活的困苦和渴望成功的信念，催促我一定要回敬命运的嘲弄。

从回忆中走出来，我轻轻地打开车窗，夏风吹在脸上，我感觉脸颊滚烫又干燥。耳旁的风声呜呜地响，好似母亲的哭泣声。

我坚定地相信，自我坐上通往景宁的汽车的那一刻，我今后的人生道路，一定光明而灿烂。

但后来发生的事情证明，那时候的我还是太天真了。

02. 直面困境

车程不到一个小时，下午一点钟，我到达了景宁县城。

天气炎热，大街上基本没什么人，唯有蝉鸣不息，似在诉说着时光静好。偶尔驶过几辆出租车，司机摇下车窗满脸笑容地询问：“小兄弟，需要搭一程吗？”我连忙摇头又摆手：“不用了，我随便走走，谢谢。”

阳光刺眼的午后，路旁餐馆已打烊，街头行人寥寥无几，捡拾者在垃圾堆间苦苦寻觅。

汗水湿透了衣衫，口中干渴难耐，我看着路旁冰棍摊，却因囊中羞涩而黯然离去。街道坎坷不平，藏着岁月的落寞与辛酸。

夜幕降临，我终于找到了一家便宜的旅馆，房间狭小简陋，蟑螂、跳蚤四处都是，霉味和石灰粉味夹杂在空气中，令人窒息。这里成为我前行的暂居之所，种种不舒适勾勒出真实的生活。

筑梦笔记

真正的勇气不是在顺境中昂首阔步，而是在逆境中依然不失信念，勇往前行。

我开始了白天外出找工作，晚上回旅馆睡觉的生活。

与我同挤在旅馆里的那几位看起来都有工作，他们早出晚归，十分辛苦，以至于每天回来脚也不洗，一躺下就呼呼大睡，一副极其疲惫的样子。当时是夏天，混合着汗臭味、脚臭味和霉味的房间，即使是我这个吃惯了苦的乡下孩子都不得不屏住呼吸。

日子就这样一天天过去，我每天早早出门四处找工作。我知道如果不努力找工作，我身上的那点钱迟早会用完。我甚至开始想如果钱真的用光了，我该怎么办？要像拾荒者那样流浪街头吗？想到这里，我不敢再往下想。

生存的本能驱使我脚步不停，不放过任何一处有招聘信息的地方。路上饿了，买几个馒头，撑上一天，甚至看到路旁的水龙头就过去牛饮一番，喝得肚子都撑起来，解渴又止饿。

刚开始的时候，我沾沾自喜，觉得这个办法很省钱，未曾想后来这竟成了我每天都用的方法。

四天时间，我走遍了大半个景宁城，却依然找不到工作。每天的劳累、委屈、一无所获，令我痛苦不堪。直到冷月高悬、星凝夜空之时，我才愁眉不展地回到小旅馆，倒头就睡。

然而，令我没想到的是，在第五天晚上，事情有了转机。那天晚上，同住的五位室友回来了。我本以为他们会如同往常一样倒头就睡，谁知他们竟带回了啤酒和几样下酒菜，一个个兴高采烈得像过年一样。

酒香和菜香扑鼻而来，我忍不住流下了口水，毕竟好久没有沾过荤腥了。其中一个室友注意到了我，他很和善地对我招招手："小老弟，吃了没有啊？过来，过来，大家一起吃。”

另外四人也转过身来看着我，我怯生生地看着他们，没有说话，也不知道说什么。

“瞧，他还害羞了？”

其他人哈哈笑了起来。

我的紧张和拘束被这爽朗的笑声驱散了，下床坐到他们旁边。

“给，用我的筷子。我吃完了，还剩下这么多，够你吃的。”姓张的室友一边说着，一边打了个饱嗝。

我没有客气，拿起筷子和碗就开始大快朵颐。

“小兄弟，慢点吃，别噎着。”老张轻轻地说。

我感动得热泪盈眶。离开家的这四五天，我第一次感受到了独自面对困难的艰辛，一个人孤立无援，只能依靠自己。从前生活虽然艰难，但至少还有父母在身边，而现在，即使生病了，也没有人来关心一下。老张的一句话让我心中的苦楚一下子涌出来，我趴在桌子上开始哭泣。

有人说，男儿有泪不轻弹，只因未到伤心处。其实，不管是男人还是女人，都有脆弱的时候，不掉泪不代表坚强，掉泪未必就是软弱。对一个 **16** 岁第一次走出家门的孩子来说，几天来的劳累、委屈、一无所获，狠狠打击了我的心，然而，一句轻轻的问候，却让我再次感受到了人世间的温暖。

筑梦笔记

生活不会对任何人格外宽容，但它也绝不会永远把我们困在黑暗之中。

每一次跌倒，都是为了让我们学会更加坚定地站立；每一次失败，都是为了让我们更加珍惜成功的价值。

在我最无助的时候，是那些温暖的人给了我力量，让我明白，无论遇到多大的困难，只要心中有光，就能照亮前行的道路。

我学会了在困难面前永不言败，因为我知道，只有坚持不懈，才能见证生命的奇迹。

这段经历让我明白，在逆境中坚持下去，是对生命最好的尊重。

第六天早上，我本打算退房，但一想到昨天晚上室友对我的真情款待，竟有些不舍。昨晚老张的欲言又止，再加上另外几人不寻常的举动，我心想，说不定是与工作有关的事，或许我再问问，就能得到机会。

我决定咬咬牙再住上一晚，想着一定要从老张嘴里问出些什么。

我无意中在街上看到一条招生广告：招收裁缝学徒，名额有限。我大喜，真是踏破铁鞋无觅处，得来全不费工夫！由于紧张和激动，我连续拨了三次，才把号码拨对。当听到话筒中嘟嘟的声音时，我的手心手背濡湿，身体微微发颤。

接电话的老师告诉我报名费 **20** 元，学习 **1** 个月，每天晚上 **7** 点到 **9** 点，共两个小时。

我心想："这没问题，白天可以接着找活儿干，然后利用晚上的时间学裁缝，多学点东西总是有好处的。"

我毫不犹豫地交了报名费，办完手续拿到学员证后，心里才稍微放松了一些。

这是我第一次对学习有强烈的需求，我将学员证放到衣服最里层的那个口袋里，轻松愉快地往宾馆走。

舒心了没多久，我又开始烦恼起来：明天去找什么工作好？

论文化水平，我初中都没有毕业，我没有什么优势；论性格，我老实、淳朴、憨厚、真诚待人，可这也不能作为找工作的条件啊。

我还有什么呢？我到底还有什么呢？

我苦思冥想，可始终没理出什么头绪。只能盼望着老张他们几个早点回来，我好探探口风。

天色已晚，星星忽明忽暗，在夜空里影影绰绰。我实在无聊，忽然想起自己以前的爱好，也可以说是唯一的爱好——书法。

我小时候就喜欢写字，尤其是毛笔字。每次过年看父亲写对联，我觉得他的字漂亮极了。

从那时起，我只要有空闲，就拿起父亲的毛笔开始练字，后来父亲看我实在喜欢书法，就开始教我怎么握笔，怎么研磨，怎么下笔。再后来，我就随身带支毛笔，不管走到哪里，只要有时间，我就写几个字，自得其乐。

几个室友还没有回来，反正闲着也是闲着，于是我拿出毛笔，蘸了点水，开始在地上练字。一横一竖、一撇一捺，巧妙地组合成一个个鲜活的字，我内心变得畅快，这些天来的烦闷仿佛全被驱散了。

“好字啊！没想到小老弟还能写出这手好字。”

正当我写得入迷时，一个熟悉的声音将我拉回到现实。

“我看你不用找工作了，干脆写字赚钱得了。说不定将来能当书法家呢，到时候不要忘记我们哥几个啊。”

这句话虽然只是老张的一句玩笑话，但也真应了那句“无巧不成书”的老话。

可令人惋惜的是，当时我只把它当作一句玩笑话，没有当真，所以才遭遇了后来许多的挫折，带着浑身的伤痛，最后回到原点才知道，原来适合自己的路一直都是书法。或许，这就是人生，上天早就把这份天赋给了我，却始终没让我知道如何发挥它的价值。

03. 工地岁月

初到工地

见到老张后，我对他说："张叔叔，你也知道我现在的情况，我现在特别需要一份工作。所以，你能不能帮我找份工作啊？哪怕给我个建议也好啊。毕竟你们都比我出来得早，社会经验也比我丰富得多。"

他们几个互相看看，又看看我着急的表情，老张就对我说："小老弟，其实，昨天晚上我是想对你说有份工作，你可以去做。但他们不让我说，你不要误会，不对你说是为了你好。因为这份工作是份力气活，而且比较危险，甚至有些违法。”

我一听，脑袋嗡的一下，连忙问：“什么，难道你们是……”

“他说的工作是到建筑工地做活。”其中一个人直截了当地回答我。

我这才缓过神来，“那为什么说危险、违法呢？”我问道。

“是这样的，建筑工地环境复杂，在那里工作，你不仅要注意脚下有没有铁钉、钢筋什么的，还要注意头上有没有砖块，所以说非常危险。至于违法，因为你现在还未满**16**岁，还是个孩子，企业招收童工是违法的。”

“我到**16**岁了啊，只不过差几个月而已。”

“那也没满**16**岁，不过我们工地管得不严。所以，给你推荐这个工作怕害了你，不说呢，看到你无事可做又不忍心。你还是自己拿主意吧。愿意的话，明天跟我们走，我们带你去，你到了那里问一下工头，他说可以就可以。”

当晚我激动得几乎一夜未睡，只盼着天亮。第二天一早，我特地早起，洗了个澡，将衣服整理一下，然后静静等着老张他们准备好，就随他们一起去工地。

由于工地距离旅馆比较远，我们走了好一会儿才到，到了工地门口，其他人拍了拍我的肩膀，祝我好运。然后一个个自觉地走到距离门口不远的小房子里，老张小声告诉我：“你站在这里等着，待会儿有个穿着打扮比我们要高档得多的胖子会到这里，那就是工头。”

我有些紧张，赶紧回问老张：“我怎么知道他穿的是不是高档货呢？”

“这个没关系，反正他是我们这里最凶的那个，也是唯一一个不干活的，你看到了，就过去和他说一下你的情况，我估摸着他会答应你的。”老张说。

我连连点头，忘了向老张道谢，就在那里傻傻地站着。

我站在那里一动都不敢动，生怕坏了他们的规矩。我饶有兴致地看着那些工人是如何工作的，正看得入迷时，身后突然传来一阵汽车鸣笛声，我连忙躲开，汽车嗖地一下就开了过去，溅了我一身泥水。我赶紧擦掉身上的泥水，耳中却听到谩骂声，我忽然想起老张的话，心想这骂人的或许是工头。我连忙跑进去，由于那人是背对着我的，所以我没有看清他的样子，不过单看工友的反应，就知道此人有多凶悍了。

这时，我无意中看到老张向我眨了眨眼。我明白他的意思，这位一定就是工头了。我正想着，走过去该和他说什么，毕竟他也算是我从小到大见过的第一位“大人物”，我腿肚子此时有些发软，但我还是鼓起勇气走了过去。

“老板，我，我是……”我支支吾吾地说道。

“是什么是，有屁快放，没事滚蛋！”我正不知如何是好的时候，老张走了过来对工头说：“工头，你别误会，他是我的一个朋友，来这里找份工作。他家里没有钱，父母都病了，欠了一屁股的债，所以想在工头手下混口饭吃，这不，他连早饭也顾不上吃就来了，抽烟抽烟。”老张赔着笑脸，拿出烟来。

这位工头冷眼看着老张，“你小子净跟我找事，他多大了？”

“他 **16** 岁了。”老张赶紧回道。

工头看了看我，然后对着老张低声说：“这小子知道企业不允许招童工吗？”

“从乡下来的，什么都不知道，只要每天给他个仨瓜俩枣的，就可以了。”老张继续在工头面前替我说好话。

虽然他们说得很小声，但我还是隐隐约约听到了。

“那好吧。”这位工头转过身来，走到我跟前看了看我，老张连忙对我说：“工头刚才说了，你可以在这里上班了！”

工头没有说话，只是扫了老张一眼，老张立即点头哈腰地干笑着。我连忙向工头鞠躬道谢：“谢谢工头，谢谢工头！”

“不要忙着谢我，我和你说好了，在我这里工作，早上 7 点开始到晚上 6 点。工资一天一结算，你刚来，做不了别的，就做搬运工吧。工资一天 6 元。还有什么问题吗？”

“没有了，谢谢工头给我这个机会，我肯定好好干。”

工地日常

一日下午，我挑着 100 多斤的水泥桶吃力地往三楼爬，在楼梯拐弯处，一不小心，被钢筋绊了一脚，只感觉身体一歪、一轻，就滚了下去，水泥桶和担子也随人一起掉到了一楼。我下意识地用手臂护住头部，生怕脸上挂彩。紧接着一阵剧烈的疼痛袭来，我一下子失去了知觉。

过了不知多久，我清醒后准备起身，但全身如同针扎的感觉让我吸了好几口凉气。这时，工头跑过来了，我一阵紧张，生怕他过来赶我走，于是赶紧起来，准备继续挑水泥。

工头走到我跟前，上下看了看说："你没什么事吧？"

"没事，没事，是我自己不小心，我现在就去挑水泥。"

"以后干活小心点，摔死摔伤了，可别想让我赔偿医药费。"

我起身将水泥桶捡起来，准备继续挑水泥。但全身火辣辣地疼，痛得我全身发颤、发冷，头上冒冷汗。我紧咬牙关，对自己说："坚持，坚持就是胜利，下班后好好休息一下就好了。"

谁知这时，工头好像忽然想起了什么，立即转过身，又朝我走过来。

我小声地问："工头，你还有什么吩咐吗？"

他看了眼我手里的水泥桶，立即气势汹汹地对我吼了起来："真混蛋，你摔死了我不管，不要把我的水泥桶摔烂。你今天一来上班，我就看着不顺眼，干活最慢，一副半死不活的样子。现在，你说怎么办？"

"工头，我不是……不是故意的。"我声音小得几乎连自己都听不见。

"你不是故意的，那意思是说我是故意的了？你明天不用来了，直接滚蛋。"说着，工头就骂骂咧咧地离开了。

这是我走出大山后，第一次遭受屈辱。

筑梦笔记

在工地的那段日子，是我生命中最为艰难的一段时光，我经历了身体的极限挑战和精神的深度考验。

每一次的重负担挑，每一次的汗水浸透，都是我成长的烙印。那些日子，我看似在为生计奔波，实则在为人生的意义和价值深深地探索。

我曾无数次地问自己：我为何而来？我将何去何从？每一次的问答，都让我更加坚定地走在这条充满荆棘的道路上。因为，我相信，只有经历了最深的苦痛，才能抵达最远的彼岸。

在坚持与放弃的边缘

听了工头的话，我忍不住哭了，坐在地上眼泪止不住地流下来，我心想：工作没有了，我以后该怎么办？总不能回家吧。

工友也无奈地看着我，他们没办法，也不好说什么，怪只能怪我不小心，没有经验。我吃力地站起来，打算换一个水泥桶继续挑水泥。

这时，老张小声告诉我："叶老弟，这里已经不是你待的地方了。待会儿，趁着那家伙去厕所，你赶紧跑。你放心，我们这里的工友都会说没看见。你回去后，先回旅馆休息一下，我下班后给你带点疗伤的药膏。"听了老张的话，我只能感激地点了点头。我知道凭我现在的情况，一下午的工作量无论我如何是支撑不下去的。于是，我趁着工头去厕所的时候，立即跑了出去。一路上不敢停下来休息，生怕他开车把我抓回去。就这样，我一口气跑回了旅馆。

当我回到旅馆后，疲惫感和手臂的疼痛感再次袭来。

我蜷缩着坐在床上，疼痛、酸胀、饥饿的感觉叠加在一起，我如同受伤的小猫等待着命运的安排。

“反正现在什么事情都做不了，倒不如写几个字，消磨一下时光。可是写些什么呢？”我一边浸润毛笔一边想，对于今天发生的事，我思考良久，最后写下了八个大字：“身心受辱，刻骨铭心。”

我就这样不断练习着，沉浸在书法给我带来的奇妙乐趣中，时而写得很快，笔墨横飞，时而写得很慢，如同蚂蚁行走。全然忘记了之前遭受的痛苦与屈辱。

“写得真好啊。”不知道过了多久，突然听到有人在我旁边说话。我吓了一跳，赶紧站起来，抬头一看，原来是旅馆老板。

他看到我手臂上的伤，询问我发生了什么事，我只好把事情说给他听，他边听边为我找消炎药。这个时候，我似乎想起了父母和老师对我说的话：“孩子，你注定一辈子是农民，不要想这么多了，还是想想今天砍多少柴吧。”

可我内心的想法却是：“今天我虽然遭受了第一次重创，它却让我知道了社会不是那么好闯荡的，钱也不是那么好赚的。尽管如此，我还是不会回老家去。我非要做出个样子给其他人看看。”想到这里，我再次鼓起勇气，全然忘记了下午发生的事。

筑梦笔记

每当你觉得想要放弃的时候，那正是坚持下去的最佳时机。

生活会给你无数次选择放弃的理由，但只要你找到那一个坚持下去的理由，就足以让你克服一切困难。

不甘心、不放弃，其实是一种生命的力量，它让我们在逆境中成长，让我们在挑战中变得更强。

在人生的旅途中，只有坚持那一念之间的选择，才能走向更加辉煌的未来。因为，放弃和坚持，真的只在一念之间。

04. 逆境成长

我涂上消炎药后，伤口处一阵清凉，感觉也不那么痛了，连忙对旅馆老板说："老板，谢谢你啊，你的药真管用，如果不是它，我真怕感染了！"

看得出来，老板很同情我，看着我涂完药后，他对我说："我有几个朋友是在溪边开拖拉机的，他们那里要人，工作就是装石头，一拖拉机的石头两元钱，如果装得多的话，一天也能赚个二十几块，你要不要干？"

我当下就答应了下来，就这样，我过了一段白天到溪边装石头，晚上学裁缝的安稳日子。

如果这样的生活继续下去，我也知足了，最起码工作、学习都比较稳定。可惜“天有不测风云，人有旦夕祸福”，就在我觉得虽然辛苦劳累，但经济收入有保障，一切正在按照我的计划顺利进行的时候，最担心的事情还是发生了。

那天我在溪边装石头，一个有很多棱角的石头刚被放上车，我还没有来得及松手，石头就重重地砸到了我的手指，俗话说“十指连心”，一阵揪心的痛，我条件反射地赶紧把手往回抽，当我抽手的时候，石头下落，不偏不倚，刚好砸到了我的脚，结果手上的疼痛还没顾得上处理，脚上猛地一阵疼痛，让我几乎疼晕过去。我蹲在溪边疼得大声地喊叫起来，全身打哆嗦，满头大汗，直抽冷气。

其他人立即知道我发生了意外，都赶忙跑过来帮助我，把我抬到路边，然后赶紧拿水清洗伤口。其中，有个叫阿福的朋友是我前几天认识的，他年龄与我相仿，也刚从农村出来，相同的经历让我们惺惺相惜，我们很快成为无话不谈的好朋友。当他看到我的伤势后，不由分说就要背我去医院。我连忙制止他，告诉他，这点小伤没什么，随便找个诊所处理一下就可以了。

他着急地对我说："你看看你的伤势有多严重！不去医院怎么行呢？"

我低头一看，差点晕过去。这时我才知道，有时候精神上的恐惧比肉体的疼痛更会折磨人。

原来，我的整只手都被砸得血肉模糊，再加上是被石头锋利的棱角刮伤的，几乎看不清楚到底哪一面是手心，哪一面是手背。尤其让我恐惧的是，无名指被砸扁了，连指甲盖都脱落了，稍微一碰，钻心地疼痛。脚背也被砸得惨不忍睹，脚背上的皮都脱落了一大块，这样重的伤势加上前几天手臂被刮伤，让我几乎精神崩溃，真可谓欲哭无泪。但在朋友面前，我还是忍住了，即便要哭，也要在无人的时候哭。于是，我对阿福说："还是送我到小诊所吧，这点小伤没什么的。"

就这样，阿福背着我到了附近的小诊所，小诊所里人不是很多，有的医生在聊天，有的在看书。阿福背我进去，连声喊"医生救命"。此时我已有些神志不清，眼睛一黑，就晕了过去了。等我醒来后，发现自己躺在床上，被清洗了伤口，擦了碘酒，阿福和老张都在我旁边陪着我。

老张关切地对我说："小叶，怎么样，还疼吗？怎么这么不小心？幸好这次受伤不是很严重，没有留下什么后遗症，否则，你怎么对得起你的父母？来，吃个苹果。"

因为流血过多，我嘴巴早就干燥苦涩。这时，看着老张递过来的苹果，内心一股暖流在涌动。直到今天，每当我想起自己走过的这段路时，一直觉得这段经历不仅仅是人生的故事，更是一种学习的过程、心灵的顿悟。其实，我们每个人都不孤独，不管你落到什么境地，总有人会关心你，帮助你。虽然后来我与老张失去了联系，但在我内心深处，他们依然是我最好的朋友。希望苍天有灵，能保佑我的这些好友。

时间过得很快，我的伤口在慢慢愈合，当然，我的开销也在慢慢加大，最后，我努力了二十多天的工作所得全部花光了，一点都没剩下。同时，由于二十多天没去上课，学习也耽误了。但这两件事也给了我面对挫折的勇气，我很庆幸自己没有因为心灵、身体的创伤而意志消沉、颓废堕落；相反地，这两件事磨炼了我的意志，我的抗压能力也大大增强。

有人说，“世界上没有哪一所大学，能够比社会这所人人都能上的‘大学’更锻炼人。”我从出生到16岁，一直生活在农村，自认为是个懂事和成熟的青年。但这短短二十几天的经历，让我知道到自己以前是多么单纯、天真，甚至幼稚。然而，同样是这段经历，让我更加坚定了自己的决心：不混出个样子来，绝不回家。我坚信，这些事情对我来说虽然很不幸，可也让我体会到了生活的艰辛、生存的艰难以及世间的人情冷暖，让我在以后的人生道路中学会了如何才能行走得更谨慎些、顺畅些。我虽然没有挣到什么钱，但至少我付出了辛勤的汗水。我知道，当时不是挣钱的时候，而是在学习本领的时候，只有把本领学好了，以后才能够在社会上立足，才能够让自己过上好生活。穷人家的孩子早当家，也早懂事，在我内心的深处，唯一占据心灵的，就是自己要有出人头地的那一天。

伤愈后，我再次回归社会，如同一个不会游泳的人再次跳进汹涌澎湃的大海中历练一样。前两次的教训让我交了“学费”，也让我懂得了如何保护自己。就这样我又尝试了其他工作，虽然工资都不高，但最起码没有饿肚子。只要经济上有保证，我就有了解各行各业的机会，这样，我才能确定自己适合哪一行，不适合哪一行。当时我是这样想的，也是这样做的，但也一直没有搞清楚自己的定位。

遭房东殴打

1996 年的秋日，我与一位同乡在景宁合租了一间简陋的小屋，月租仅 **40** 元。那时的我，自行采购原料，制作洗洁精、摩丝和洗发水，然后沿街叫卖，每斤仅售一元。随着生意逐渐兴旺，我怀揣着一个梦想：待事业有成，便开设自己的工厂，坚信未来必定光明。

然而，一天，同乡的一位朋友来访并在我们这里留宿。次日清晨，他匆匆离去，同乡也出门前往姐姐家。我独自一人在屋内调配洗洁精时，房东突然用钥匙打开门闯入。他一见我就怒气冲冲地指责我偷钱。我惊愕之余，急忙辩解自己清白。房东坚称楼下的女孩丢失了 **137** 元，怀疑是我们房间的人所为。

我怀疑是昨晚的那位借宿者所为，但他早已离开，无处寻找。我坚决否认自己未曾做过的事，与房东发生了激烈的争执。房东愤怒地摔门而去，留下一句威胁："你给我等着！"

深夜十一点，我正迷迷糊糊地睡着，突然一声巨响，房东带着一群人闯入。他们将我拖至楼下一个僻静的角落，一边高声要求我还钱，一边对我进行殴打。我蜷缩在地上，紧紧护住头部，身体颤抖，恐惧至极。为首的人用烟头灼伤我的手和手臂，勒住我的脖子，迫使我低头。几个身材魁梧的人将我围住，逼迫我写下一张600元的欠条。凌晨一点多，他们终于离去，我一瘸一拐地回到房间。

那晚，我彻夜未眠，全身上下仅剩14元。害怕他们再次回来，天一亮，我便匆忙逃离。用仅剩的钱买了一张最早前往温州的车票。那一年，我19岁，抵达温州后，我身无分文，开始了流浪生涯。

梦开始的地方

温州是当时全国最繁华的南方大都市之一，不仅因为它有全国最大的小商品城，更重要的是，温州人的商业头脑在全国都是赫赫有名的。因此，温州成了我心目中的“圣地”，我认定温州将成为我实现梦想、获得成功的舞台。于是，带着几分兴奋、紧张和期盼，我来到了温州。

当我背着行李走出火车站，站在川流不息的街道上的时候，我竟然体会到了“刘姥姥进大观园”的心情。因为，温州是那么繁华，但对我来说，却又如此的陌生而光怪陆离。到处都是路边摆摊的，当无人问津的时候，他们会悠闲地在那里抽根烟，喝点茶，而眼睛不时机警地四处观察（后来，我才知道他们是怕城管），当有路人驻足的时候，哪怕是稍微一停，他们立即如同打了兴奋剂一样，背立即挺得笔直，双手拿起各种不同的小玩意向路人推荐，不仅如此，他们还会观察路人的表情与眼神，当路人的表情变得有些兴奋时，他们就知道这人肯定对货摊上的某样物品有了兴趣，然后立即观察其眼神的方向，不到一秒钟就能猜出他对什么物品感兴趣，于是立即将手里的物品随处一放，拿起路人感兴趣的东西开始重点介绍，从款式到设计，从功能到价格，说得天花乱坠，让路人感觉如果不买他的东西，会“后悔终生”。

天色渐渐暗了下来，摆摊的开始收拾自己的摊子，有的在熟练地装箱子，有的在仔细地点钱，看看自己是赚了还是赔了，有的还在耐心地等待，似乎在等别人的摊子都收了后，就能“仅此一家舍我其谁”了。

路上的霓虹灯亮了起来，川流不息的车辆打开了车灯。市中心灯火通明，大街上变得更加喧哗，让我真正见识到了什么叫作“灯红酒绿”。大大小小的广告布满街道两旁的墙壁，颜色五花八门，到处人头攒动，处处展现出温州的勃勃生机。我为自己能够来到这里而自豪，内心更加坚定要在这里创出一番事业。

或许是被环境影响，或许是被路边店铺老板的热情招呼所吸引，我大着胆子走进一家看上去还比较普通的餐馆吃饭。当服务员面带微笑，彬彬有礼地问我要点什么，我傻眼了，只能胡乱说了一样自己在家乡经常吃的菜。可惜这家餐馆没有这道菜，机智的服务员立刻给我递上菜单。

我拿起菜单看了看，感觉没有一个菜是我吃过的，别说吃过，甚至没有一个是我听说过的。再看菜价，我心里立即凉了半截，每道菜的标价都很贵。我不得已低着头站了起来，用自己几乎听不到的声音对服务员说："对不起，我不吃了。"

服务员和周围的食客很吃惊，以为我对他们的服务不满意。这时，老板走了过来，看着很有派头，他对我说："小兄弟，怎么不吃了？是招待不周还是饭菜不合胃口？"我连忙说："不，不，都挺好的，我不是很饿，对不起！"说着，我头都不敢抬就跑了出去，刚出门就听见后面传来刺耳的谩骂："乡巴佬，没有钱就别来这里吃饭，什么不饿，是没钱吧！"

这是我在温州第一次被人骂，我没有回应，我知道一旦回应，惹来的就不是简单的谩骂了。当我站在大街上，看着周围的一切时，忽然明白了：自己虽然来到了温州，但并没有真正地融入温州，这里的一切，对我来说还是那么陌生，让我感觉一切都只是幻觉。

从屈辱到奋起

自从遭受了那份屈辱后，我再也没有心情消费，更没有勇气去餐馆了。我又开始了找工作之旅。

然而，现实总是无情的，我以为我能像电视剧里的主人公那样，经过几次挫折后，便能迎来成功，可当我真正走入社会后，才体会到社会这所“大学”带给我太多的酸甜苦辣。学历低（初中都未毕业）、没有一技之长，让我找工作遇到了巨大的困难，尤其看到那些要么需要高学历，要么有一技之长的工作时，我这种“双无”人员成了困难户，再加上从农村出来，刚进入大城市，什么都不懂，什么都不知道，乡下人的淳朴、憨厚、老实，变成了自卑、胆小、怯懦。

记得第一次走进人才市场的时候，我看到很多人在那里求职应聘，企业的面试人员很认真地浏览着每位应聘者的资料，应聘者则满怀希望、紧张地看着面试官，过了几分钟后，面试官面无表情地对应聘者说：“不好意思，我们暂时不需要。”应聘者脸上立即写满了失望，只能低头接过面试官递过来的简历，慢慢地起身，低着头离开座位，而面试官则皱着眉头喊道："下一位，下一位。"立即有另外一个应聘者挤到前面，表情与前面那位完全一样。刚才的一幕又重新上演一遍。

也有的应聘者胸有成竹，面试官边看简历边问他一些专业上的问题，应聘者侃侃而谈，说出了自己的观点，看到面试官频频点头，甚至不再看简历而是面带微笑地看着自己时，声音更大了，手势也夸张了起来。应聘者说完后，面试官起身，面带微笑对应聘者说："恭喜你通过本次面试，欢迎你来我们公司工作。""谢谢，谢谢，我十分荣幸能到贵公司任职。"双方握手的瞬间，不知道羡煞了多少旁人，包括我在内。

刚到温州的几天，没有找到工作的我，为了省钱，吃住尽量选最便宜的，而公交车，对我来说已经是奢侈了，我只能走路去人才市场。

这样几天下来，当初的"去温州闯天下，实现自我梦想"的想法已经破灭了，我知道自己是多么单纯和幼稚，也不考虑考虑，如果真的这么容易的话，为何很多人还努力地考大学呢?

一天晚上，当我一无所获，漫步在天桥上的时候，看着天桥下马路上的车辆来来往往，却没有一辆属于我；看到旁边的高楼大厦气势恢宏，灯火通明，却没有我赚钱的平台；看到整个温州都在不断发展，已有的道路不断加宽，新的道路正在施工，这里几乎成了中国改革开放的一个缩影，可这里却没有我的容身之地。

不时吹来的徐徐夏风，让人精神为之一振，却让我感到刺骨般的冰冷。许许多多的人从我身旁经过，有天真稚嫩的儿童，有青春活力的少男少女，有甜蜜亲昵的恋爱男女，也有悠闲散步的老夫老妻。他们显得那么快乐，那么幸福，而这一切对我来说，却如同幻象，我怀疑自己是不是真的身在温州。我不禁抬头仰望繁星，一轮皓月悬挂空中，一动不动，我望着月儿，或许此时只有它才能知道我内心的苦楚和辛酸。我忍不住地看着月亮，想问问它：我该怎么办？那一刻，我内心充满了对前途的迷茫与无奈，对生活的彷徨和无助。我不知该怎么做才能赚到钱。就这样回去？我不甘心，虽然在家里吃穿不愁，但只能一生待在深山老林守着那一亩三分地。倔强让我从放弃的边缘走了回来。

记得《北京人在纽约》这部电视剧里有一句很经典的台词：如果你爱一个人，请将他送到纽约，因为这里是天堂；如果你恨一个人，请把他带到纽约，因为这里是地狱。

温州，亦如此。这里处处有商机，到处都是生意人或即将成为生意人的人。只要在这里待几天，就能知道什么地段、什么人、什么时机，适合做什么生意，到处都充斥着对金钱与财富的各种论断，名与利的各种角逐。如何寻求财富、如何稳赚不赔、如何一本万利……生意经、财富论在温州的空气中扩散，人们细嗅它的味道，个个变得兴奋、快乐。不过，千万不要以为这里的人是只谈不做的空想家，恰恰相反，温州人对生意的敏感以及当机立断、雷厉风行的行动力是值得每个人学习的。

学徒生涯：挑战与机遇并存

在温州找工作就得去飞霞北路，那里有一个劳务市场。

说是劳务市场，其实就是招工人和打工人的聚集地，求职的手里都拿着牌子，上面写着自己的技能和待遇要求。比如，有的人拿的牌子上写着：瓦工，工资面议；有的人牌子上写着：管道维修；有的人牌子上面写着：木匠；等等。

在这里，每个人看上去都有自己的技能，有些技能虽然看起来很容易就能学会，可实操起来才发现，都是易学难精的技能。只见打工人一个个镇定自若，如同钓鱼的老翁一点都不着急，大部分人吸着烟，聊着天，询问对方的报价。一旦有招工的人来了，大家就立即高举自己的牌子，然后抢先“推销”自己，如果招工人需要的是瓦工，瓦工就很兴奋地与招工人谈价钱，谈妥工资后，就跟着招工人走了，其他人都会投以羡慕的目光。

那时候的工资，普通工人每月 **500** 元，包吃住，技术工另当别论，每月大概有 **1000** 元。由于我第一次到劳务市场，看到这些，感觉挺有意思。当我走过去打算与他们站在一起的时候，很多人纷纷围过来，然后热情地问我：“老板有什么需要吗？”“小兄弟一看就气度不凡，有什么需要吗？”“我是专门修理管道的，老板你需要吗？”

这样的问候让我恨不得钻到地缝里去，毕竟自己不是什么老板，相反，我连一技之长都没有，只能傻傻一笑，小声地说："我和你们是一样的。"然后，我就走到一个没人的角落，空着手，傻傻地站着，没有人理会我。

有个比较热心的看上去三十多岁的中年人走过来问我："小兄弟年纪轻轻就来这里，怎么没有牌子啊？"

我不知道怎么回答，只能含糊地说："我是第一次来，不知道写什么！"

"哦，那你是做什么的呀？"

"我……我是刚从学校出来的。"

"唉，小兄弟，我劝你还是尽快返回学校，现在没有一技之长很难找到工作的，除非干力气活。不过你小小年纪，估计也没有什么力气，听我的，还是回学校吧。"

我无言以对，只能感激地对他笑笑。他一看说服不了我，边摇头边走开了。那个时候，只要有技术傍身，基本上都能找到工作，即便没有技术，有力气也能找到工作，只不过工资少了些。但这样的工作没有任何保障，一旦生病了、受伤了，就很难再赚到钱了。所以那时，大家都想学门技术。

说起技术，当时在温州比较热门的就是做打火机、皮鞋、服装等。温州是全国小商品生产、批发、销售基地，做打火机这类技术难度小、容易上手，而且成本低的小商品生意，当时在温州相当热门。

我站在劳务市场里没多长时间，就见一位女老板自己骑着摩托过来了，她四十岁上下，从摩托上下来后，不停地打量着我们这些人，一大群人立即围了上去，“老板，我是做模具的，你要不要？”“老板，我是做木匠的，你需要吗？”大家就这样一个个抢着推销自己，而那位女老板看上去似乎很喜欢众星捧月的感觉，她始终没有说什么，既没有点头，也没有摇头。我也急忙挤过去说：“老板，请问你找什么行业的？”

这时，不知道谁说了一句：“老板，我是做打火机的，你需要吗？”

她听到这句话后，立即转过身去，朝着声音传来的方向望去，试图找到那个说话的人。

“你做了几年了？”女老板问那个做打火机的小伙子，

没有说要，也没有说不要。

“三年了。”

“哦，在哪里做的？”

“一直在温州。”

“嗯，整个中国，也就咱们温州的打火机做得不错，如果你是外地的，我就不考虑你了。”

说完，她转过身来，大声对大家说：“我们公司打算招收一批熟练工和学徒工。熟练工要求会做双防风打火机，学徒工男女不限，学3个月，没有工资，包吃住，3个月后到总厂去当熟练工。你们谁愿意去？”

很多人一听，如同泄了气的皮球，尤其是会技术的工人，有的低声说：“老子又不是没有技术，谁去另外学，不去不去。”

但对我来说，这样的机会可不多，于是我毫不犹豫地报了名。

女老板招了7个学徒后，叫来一辆小型面包车把我们所有人都带走了。我们人生地不熟，也不知道她把我们带到了哪里，后来经过一个小时的颠簸，下车后我们才知道工厂位于温州杨府山西山东路附近，她把我们带到二楼，安排了住处。我们全部睡地铺，虽然地上有些潮湿，环境差了点，但能够有一个安稳的地方生活和工作，对我来说已经很满足了。

我们7个人有来自浙江周边县市的，有两个是四川的，有三个是江西的，还有一个是安徽的，可以说来自天南地北。大家都是为了一个共同的目的，即学好做打火机的技术，将来能够赚钱孝敬父母，能够实现心中的理想。

筑梦笔记

在人生的旅途中，每一步都可能充满荆棘，但只要勇敢地迈出去，总会看到意想不到的风景。

选择成为一名学徒，是因为我相信，通过自己的努力和学习，可以打破命运的束缚，开创属于自己的天地。

这段经历教会了我，无论面对怎样的困难和挑战，都不应该轻易放弃。

因为，每一次的挑战都是一次成长的机会，每一次的努力都离梦想更进一步。

上班的第一天，老板叫我们干一些杂活，分拣一些打火机的配件，这个对我们来说是比较容易的，很快我们就做好了。就这样，我开始了人生中第一份真正意义上的学工。这里的环境、条件与设施，与学校截然不同，但对我来讲，只要不学数学和英语，其他的我都能学，况且，现在是学技术，更要认真刻苦地学了。

打工生活是枯燥无味的，空闲之余，我花了十几块钱买了一台收音机，这是当时我买给自己的最昂贵的奢侈品了。我一边工作一边听收音机解闷，时间长了，也就习惯了这样的生活。

时间过得很快，转眼间，3个月便结束了，我们7个人有5个人转为了正式工人，也就是温州人说的熟练工，被分配到信河街那边的总厂去上班。

那时的装打费0.5元/个，一天的时间我能够装打100多个，一天能够赚40元到50元，对我来说已经是很高的工资了。要知道，当时我们村里那些青壮年到外面去帮别人背木头，一天才挣30来块钱呢。想到这里，我的干劲儿更足了，不仅仅是为了钱，而是为了那种被全村人羡慕的感觉。

我第一次领到了 800 多块钱的工资，连忙寄了 400 块回家。后来，听说我父亲因为我寄钱回去而感到非常高兴。村里人一传十,十传百，传成我寄了 2000 块钱回去。

就这样，我在工厂干了两个月，由于打火机的质量出了问题，总是被国外的客户退货，工厂被迫裁员。

我再次失业了。

在温州的第一次失业让我更加理性地认识了这座城市。当然，我早就做好了心理准备，随时接受命运的挑战。因此，相比在景宁的两次打击，这次被裁员带给我的打击轻很多。我还记得当时被女老板选中一起学习打火机技术的几个人中，年龄比我大的，也和我一样被裁员，他们失声痛哭，泪流满面。我连忙安慰他们，劝解他们。

别人的事情终究不是自己的事情，安慰完他们之后，我也没有太放在心上。晚上在回住宿地的路上，我边走边思考，自己到底做什么合适？就在我苦思冥想的时候，无意中听到了一首歌曲，这首歌之前我也听过，但那一刻它带给我的触动是无以伦比的。

这首歌的名字叫《爱拼才会赢》，相信大多数朋友都听说过。这是一首励志歌曲，当时轰动全国，是年轻人最爱唱的歌曲之一，可以和《水手》媲美。

"一时失志不免怨叹，一时落魄不免胆寒，那通失去希望每日醉茫茫……"

"是啊，我不能这么消沉下去，必须继续努力，只有这样，才不会被社会抛弃。既然我做不了工人，那为何不自己做老板呢？"

老实说，创业的想法正是听到那首歌后一时兴奋而产生的。但当我真正认真思考创业这件事的时候，连我自己都吓了一跳。我可以做老板吗？我能做好吗？我适合做什么行业的老板？一系列的问题纷至沓来。不过，有想法总是好的。于是，我立即回到旅馆，开始研究自己究竟该如何创业。

我的创业之路

回到了安静的旅馆，我将自己的经历如同放电影一样仔细地分析，自己有什么优势、劣势，适合做哪一行。我觉得自己有以下几点优势：第一，进入社会已经一年多了，结识了不少成功人士。第二，通过这段时间在社会上的历练，让我知道了社会的基本游戏规则。第三，在人际交往方面，我自认为有了长足的进步。第四，有了一定的一技之长（做打火机），能够养活自己。第五，通过在工厂打工，我基本了解了工厂的运营模式，只要有启动资金，自己也可以做老板。至于风险，肯定是有，但俗话说得好"贵在险中求"，没有风险，哪来的高回报？只要自己谨慎行事，应该不会出太大问题。

来温州前，我就做好了思想准备，繁华的温州必然充满了激烈的竞争，每天不知道有多少企业倒闭，同样，也有很多企业开张。我如果成功了，能够积累成功经验，即便失败了，也能得到教训。

再说，我到温州来就是要学习温州人的经商技巧，给自己积累实战经验。基于以上理由，我决定开始创业，当天晚上，我为自己的这个想法兴奋不已。

要想创业，我需要有一个合作伙伴。在温州，我认识的人不多，只能从我认识的人里面找几个志同道合的朋友。于是，我想到了一个人，他是我在打火机配件厂上班的时候认识的一个朋友，也是我的老乡，名字叫阿平。阿平个头和我差不多，总是一副笑脸，很多人都喜欢他，而且他脑子很活，人际交往很有一套，听说他如果在工厂里再干个两三年，大概率会升为车间主任，可惜后来因为工厂裁员，我们一起失业了。

我将我的想法跟他一说，我们一拍即合。谈到具体应该做什么业务的时候，他说他会炒菜，以前在家乡开过餐馆。虽然温州不如北京、上海、深圳等大都市，但外来人口还是比较多的，如果我们的餐馆刚好能够迎合大众口味的话，肯定能够赚大钱。

就这样，我们开始了第一次创业。阿平的年龄比我大，无论是社会经验，还是人际关系都比我强，心眼也比我多，所以很多时候都是他出主意，我听他使唤。我们仔细商量了一下，拟定了一个预算，前期成本大概是 **4000** 多元，包括租金、水电煤气、生、熟食品，等等。

4000 多元对我们来说的确是个不小的数目，但为了实现梦想，必须将开头的困难给解决掉，我们最终商定，每人出资 **2000** 元。我们约定，分头回家凑钱，半个月后，温州见。说干就干，当天下午，我退了房，坐车回家了。

初创挫折：信念之光

我们花了 **4000** 元盘下了一家小饭店。有了钱，有了店铺，连吉日都没选，我们就开业了。谁知才干了几天，生意越做越差，回头客也越来越少，我们很是着急，如果继续这样下去，用不了多久，饭店就得关门。最后实在没有办法，我们只得将菜价下调，将利润压低，却仍然没有太大起色。

就这样艰难地维持了两个月，我们最后血本无归，无奈只好关门。

第一次充满激情的创业，以惨败告终，这给我造成了很大的打击。如同大多数初次创业失败的朋友一样，我一方面心疼自己的投资没有得到丝毫回报；另一方面，也对创业过程中的艰辛付出感到不值，甚至灰心丧气，更何况我是借钱创业。因此，这次创业的失败，几乎让我崩溃。如果仅仅是我个人损失了倒也没有什么，可前期投的那笔钱是父母借贷帮我凑的，为人子女，我不但不能尽孝，反而陷父母于这般境地。想到这里，我更是心急如焚，不知什么时候才能将钱还上。我知道这件事不能拖延，只好立即写信给我姐姐，后来姐姐在北京东拼西凑，加上父母向亲戚借了一些，才勉强还上借款。

筑梦笔记

生命不会因失败而停止前进，只有放弃才是真正的失败。勇敢地面对挑战，用信念点亮前行的路，坚持与勇气将引领我们登上成功之巅。

再度创业

俗话说，没有问题比没有答案更可怕，我终于知道自己的问题所在了，虽然我没有钱，也没有资金去创业，可我有时间，我才17岁，我可以通过在社会上多历练，慢慢寻找适合自己发展的道路。只有适合自己的，才是最好的。我相信自己一定能做个成功的老板甚至企业家。于是，我再次振作精神，为自己定下了详细的规划：趁着自己年龄还小，尽量去涉猎各行各业，了解每个行业的运营、发展模式，再根据社会的发展大势，选择投身的行业。我相信，传统的大学教会学生的只是理论知识，而将理论知识转化为实际的操作技能，需要有一个过渡时期，也就是所谓的学生实习阶段。而社会这所大学教给我的并不是什么理论知识，而是直接拿来用的方法。既然我没有机会上大学，那么为什么不利用社会这所大学直接学呢？吃点苦没关系，受点累也没有关系，我只要能从中学到实际操作技巧就行。我记得有人说过：人的一生分为3个阶段，20岁到30岁是学习经验打基础的阶段；30岁到40岁是成功创业的阶段，如果一个人在这10年没有一份满意的事业的话，那么一生也就这样度过了；40岁到50岁是享受成功的阶段，只有前面两个10年做好了，才有美好的第三个10年。

于是，我又回到了打工者的队列。只不过，这次的回归是成熟的回归。

我到底做什么工作好呢？力气活我不打算做，两次受伤是我终生难忘的教训，因此我转向了技术活。在一个朋友的介绍下，我跟一个修车师傅在温州梧田街学起了自行车维修。我觉得这个工作很适合我，首先，不是很吃力；其次，有一定的技术性，操作又比较简单。自行车本身的结构相对简单，几乎所有零部件都是外露的，也就是说，只要有一辆自行车放在面前，每个部件的功能以及如何维修是清清楚楚的，并不抽象。所以，学这项技术可以很快上手。我打定主意后，就催促朋友赶紧带我去见师傅。

一天上午，我特地打扮了一下，穿着整齐，头发上还打了啫喱水。毕竟，这是我初次创业失败后的第一份工作，我必须认真对待。朋友过来接我，带我去见那个师傅。上午 **10** 点多，我们来到学校路边的一个自行车摊位。我看那个师傅大概也就 **30** 岁，他正在认真地将车子的内胎放到水里。

朋友很热情地打招呼："师傅，好久不见，生意还好吧？"

那位师傅抬头看了一下，"哟，是小郭啊，坐，坐，什么风把你吹过来的？"

"我是无事不登三宝殿啊。我有个朋友，以前和我是一个厂子的，也就是我和你说过的那个打火机配件厂。后来厂子倒闭，他失业了。我想让他跟你学门手艺，你看……"

"哦，这样啊。"那位师傅低头沉思了一下。

"你放心，我这朋友绝对不是那种教会徒弟饿死师傅的人。只要他学会了，他绝对不会在这里摆摊的。我朋友都对我保证了，不相信，你问他。"

师傅将信将疑地看着我。

“是啊，我和我朋友都保证过了。师傅你就放心吧。”

“那好吧，不过咱可得说好了：第一，来我这里只是学习，我没有工钱付给你；第二，你得手脚麻利，干啥像啥；第三，忙的时候我可没有时间教你，只有空闲的时候，给你讲讲。另外，带徒弟都是要收钱的，你看这个……”

我连忙将身上的45元掏出来，他一看，脸色一沉，明显是嫌少，我又将一支烟递给他，他脸上这才露出笑意，转过头去对我朋友说：“你朋友不错，头脑很灵活，估计用不了几天，就能单独干。”

初探技艺

就这样，我开始跟师傅学习维修自行车。一开始，我对每样工具都很新奇，于是我就问师傅，师傅很认真地告诉我那些工具都叫什么名字，至于用途，师傅说，现在没有车，说也说不清楚，倒不如不说。一旦忙起来的时候，我就得在旁边站着，如同为病人开刀的主治医生旁边的助手一样。师傅用什么工具，只要对我说名字，我立即递给他。而他是如何维修的，我只能在旁边看，不能打扰更不能打断他。慢慢地我就明白了师傅的心思：他是纯粹让我做他的助手，而不是学徒。

助手不用学习太多东西，而这些工具如何使用，以及如何搭配使用，他不会教的。对此，我也只能忍气吞声，将他用工具的动作、顺序都牢牢记住。

一天下午两三点钟，也就是旁边学校学生上课的时候，师傅得空了，抽着烟，优哉游哉地坐在凳子上，喝着茶看着来往的行人。

我边洗钳子、扳子等工具，边问他："师傅，您的手艺可真高，每天都这么忙，来往的客户没有一个不夸的。"

"那是，你以为做师傅这么容易啊？这么容易你还来学什么？我告诉你，做咱们这一行，不仅要技术高，而且还要有眼光，选对摆摊的位置，比如现在这个位置，很多人就没有想到。而我当初一听说这里要建学校，就知道发财的机会来了。"说完，他得意地喝了口茶。

俗话说："一技在手，一世无忧。"我原本打算把自己塑造成为一个合格的打工者，但计划不如变化快，就这样，我开始了第二次创业。虽然也是一个人做，但无论是成本还是难度都大大降低了。论成本，修自行车靠的是技术，几乎没有什么成本，而技术则是越用越熟练。开餐馆无论是水电煤气，还是店铺的租金、生熟食材等都是不小的开支。当然，利润也相差万里，修一天的自行车远不如开餐馆获利多。不过，我赚的钱只要能养活我自己就足够了。

有了以上分析，我决定自己摆摊修理自行车。这个活儿虽然轻松，但毕竟不是什么令人羡慕的工作。一旦碰上老乡，村里难免又要传出流言蜚语了，所以选址成了关键。我在马鞍池菜场边找了一块空地，那个地方是人们进出菜市场的必经之地，进进出出的不仅有买菜人的自行车，还有商贩的小轮车、三轮车、四轮车。在这里摆摊，生意应该不少。就这样，我开始了我的第二次创业。

创业的日子是很辛苦的，我每天起早摸黑，生意好的时候一天能挣四十几元，基本上摆脱了生存层面的困境，生意不好的时候倒也清闲，我看着来来往往的车辆、络绎不绝的行人在面前经过。每当早上不想起床的时候，我就提醒自己：或许此时就有一个骑自行车的人在我的摊位那儿束手无策呢，那岂不是很好的赚钱机会吗？想到这儿，我便立即起身，洗漱后火速出门。

就这样做了大概半年的时间，我终于攒下了一点钱，就到旺增桥租了一个棚子。这个棚子是房东以前放杂物用的，就在路旁，每天的人流量也挺大，我以 50 元 / 月的租金把它租了下来。

这样一来，我的工作环境好多了，下雨天不用撑伞了，太阳毒辣时也不用怕晒了，我有了属于自己的小店铺，继续努力做好我的自行车维修生意。

05. 人生的“第一桶金”

初尝成功

事实证明，我的眼光不错，从第一天开始就有生意上门。加上我的嘴巴甜，对不同身份、不同年龄、不同打扮的客人，会用不同的尊称，再加上我的技术出色，修理自行车常常“手到病除”，让客人等待的时间最长不会超过5分钟。因此，无论是附近的回头客，还是恰好经过的路人，都很喜欢我。

就这样过了两个月，每天我都有100到150元的收入。虽然每天都要工作到很晚，但我精神上却无比充实。靠修自行车，我终于赚到了人生的“第一桶金”。虽然这些钱与温州普通市民的工资相比还有不小差距，但是对于我这个各方面要求都不高的打工仔来说，已经不少了。

没有钱的时候，我终日为缺钱发愁；有了钱，我却不知道应该怎么花钱了。当然，我不是要花钱吃喝玩乐，而是没想好如何利用这笔钱更好地发展我的事业。我再次走到了人生的十字路口。经过反复思考，我觉得自己做自行车维修不是长久之计：第一，即便我做一辈子，维修技术到了登峰造极的水平，与现在相比，也不会多赚几个钱。第二，这门手艺利润太低，让我自给自足有余，发家致富不足。第三，随着经济的发展，汽车越来越多，公交车越来越多，自行车会逐渐退出人们的日常生活，不再是最常用的交通工具。第四，也是最重要的，我总是有种“这山不如那山高”的情结，说好听点儿，这叫积极进取，永不满足，说不好听点儿，这就是“好了伤疤忘了痛”。这种性格让我走出了大山，走出了景宁，也是这种性格让我第一次创业赔得一塌糊涂。现在，它又驱使我来到了人生的第二个十字路口。不过，经历过失败的我，已经不是以前那个没有头脑爱冲动的孩子了，知道什么叫步步为营，什么叫作扎稳根基。于是，我决定在继续做这份工作的同时，将注意力悄悄转移到其他方面，看看还有什么行业适合我。

就这样，我一直在寻找着，等待着，同时也在拼命工作着，直到手里有了4000多元钱。我越来越不满足现状，修理自行车没有发展前途，我不能一辈子修车，这种想法越来越强烈，躁动的内心让我每天睡觉都不安稳。

一天，我在空闲之余，看到我的修车棚子旁，一个当地人在那里盖了一所小房子，一问才知道，他是想把房子出租给别人做生意。我内心猛然一动："何不把这个店面租过来开店呢？"当初这个修车棚就是我租来的，生意不是一天比一天好吗？为什么不更上一层楼？但是开什么店好呢？想了半天，我觉得开副食品店不错，副食品人人都要买，家家都要消费，那我就不愁没有回头客了，而且副食店不是饭店，基本上不用自己动手做饭，只要保证食品卫生以及存放得当即可。而针对顾客，只要服务好，就能获得一大批固定顾客来我这里重复消费，况且通过修理自行车，我已经累积了一定的客户资源。

当时的出发点是相当不错的，但现在看起来，这步棋完全走错了，还是那句话：做事情不能三心二意，做这个的时候又想做那个，到头来什么也做不成，还浪费了时间、精力、金钱。另外，我想开副食店，却没有做市场调查，不知道大家喜欢什么样的副食，正所谓众口难调，不了解消费者的口味开副食店就无本之木。可惜，我当时根本没有这个认知。

自从租下新店面以后，我就把自行车摊位转给了别人，进入了副食品这个完全陌生的行业。俗话说：“隔行如隔山”，要懂得其中门道，就必须从头开始，学习怎样进货，怎样销售，怎样才能够减少存货，等等。但我对此一无所知，只知道到批发市场去进货，至于哪些副食好卖，哪些不好卖，根本没想那么多。

经营了一段时间后，我发现开这样的以卖副食为主的小商店，基本不赚钱。打个比方说，某天的营业额是500元，第二天又要去进货了，而一条中华烟的进货价要300多元，进了货后，还卖不出去。因此，商品中唯一赚到钱的就是副食。开小店的好处就是收入比较稳定，习惯在我这里购买副食的顾客不会去另外一家，成了我的忠实客户。同样的，不来我这儿的顾客，以后也不会来。虽然收入比较稳定，但是毕竟总额不高，我在副食店安稳地干了近一年，没有存下一分钱。对我来说，开副食店只是混日子，挣个吃饭钱。

正当我再次准备转行之际，发生了一件不幸的事情，再次将我打入了无底深渊。

命运的考验

那是**1997**年**9**月的一天，我骑车出门理发。本来在我住所不远处就有一家理发店，步行两三分钟就到。或许是命中注定，那天我偏偏想去另外一家较远的理发店。

平时忙，再加上经济压力大，我每天想的都是如何赚钱。那天难得空闲，所以就饶有兴趣地想去看着周围的景色。附近的旧书市场比较活跃，小商贩一般都去居民家中收旧书。因此，旧书价格相当便宜，有的书甚至按斤卖。商贩们把书分门别类地摆在路边，供过往的路人浏览、购买。

由于我一直比较喜欢看书，尤其喜爱书法书，所以每次碰到书法字帖时，总忍不住想要把它买下来。

这天，路过旧书市场时，我停下车，蹲下身去看有没有我喜欢的字帖。

摊主或许看到我对于眼前的书都不感兴趣，热情地问我："小伙子，你喜欢什么书？我帮你找。"

"有没有临摹字帖。"我边淘书边问。

"有啊，这里什么都有。你等等，我帮你找。"

也不知道从哪个角落，他翻出了一本，递给我说："小伙子，这本颜真卿的字帖，你觉得怎么样？"

我立即拿过来，蹲在那里看了近半小时，几乎忘了一切，直到脚有些麻了，我才从书法世界里醒过神来。

摊主好心地扶我站起来，热情地对我说："小伙子，你觉得这本书怎么样？"

"这本字帖非常好，是讲怎么样去临摹的，刚才我一看就着迷了，老板，请问这本书多少钱，我买了。"

"看你刚才那认真的劲头，就知道你很喜欢。我在这里摆摊摆了这么长时间，还没有见过你这么认真看书的呢。这本字帖就送给你吧。”

“这怎么行，大叔，你赚钱也不容易。我身上带的钱也不多，算我5块行吗？”

就这样，我花了5块钱买到了这本字帖，这本让我差点丢掉性命的“追魂帖”。

我买好字帖、辞谢摊主后，朝理发店的方向骑去，一边骑车，一边翻看字帖。就在我看得着迷时，一辆拖拉机突然向我驶来，一阵刺耳的刹车声响彻天际。我眼睛一黑，晕了过去。

醒来后，我发现自己躺在医院里，但是眼睛睁不开。

“我瞎了？”想到这里，我忍不住打了个寒颤，如同掉进了冰窖，忍不住用手去摸眼睛。

“孩子，别动，医生已经给你检查过了，没事。你要好好休息。”

“我的眼睛怎么了？”我着急地问。

“你们谁是他的家属？”一个浑厚低沉的声音响起。

没有人回答，没有一点声音。

“我一个人在温州，没有亲戚在这里。”我回答道。

“是的。我们都不认识他，当时我们几个都在摆摊，突然看到这个小伙子朝着一辆拖拉机冲了过去，我们连忙跑过去，等过去一看，这孩子满脸是血，就赶紧把他送到医院来了。至于他叫什么名字、是哪里人，我们完全不清楚。”一个陌生的声音在旁边响起。

“唉，年纪轻轻寻什么短见呢？瞧给撞的，估计不死眼睛也失明啦。唉，小小年纪，如果毁容了，眼瞎了，以后怎么找媳妇啊。唉，真是命苦啊。”

“你瞎说什么呢？不能说点好听的吗？我估计他是有什么伤心事，一时想不开。”

“是啊，你找死也别撞我的车啊。我开着拖拉机招谁惹谁了，正在开着，这家伙骑着车子就撞过来了，想讹我是不是？”这个声音带着怒气，估计是司机。

“你咋呼什么呢？这里是医院不是菜市场。这小伙子刚才在我那里买了本字帖，我看他很喜欢那本字帖，就送给他了，估计是骑着车子看书入迷了。”我听得出来，这是那位卖给我字帖的摊主，也是安慰我没事的那位。

我连忙回答：“谢谢各位送我到医院来。不管我看见看不见，都谢谢各位了。这位司机师傅，真是对不起，我确实不是故意的。就像刚才这位老板说的，我确实买了他的字帖后，边骑自行车边看书，入迷了，就撞上了。真是对不起。你放心，交警来了，我为你作证就是。不管我以后是不是瞎了，我都永远感激各位的大恩大德！”

后来我才知道，我眼睛受伤后第一时间送我上医院的是我的老乡叶应理。

“小伙子，别这么说，我摆摊摆了这么多年，见过的人也不少了，就没有见过你这么认真的。好好学习，将来一定能成为一个书法家。”说着，摊主拍了拍我的头。

一想到自己有可能双目失明，以后连吃喝拉撒都得让父母照顾，而父母就我一个儿子，他们劳累了一辈子还得照顾我，我再也忍不住，哇的一声哭了出来……

“哭什么哭？这里是医院不是你家，想哭回家哭去。”那个低沉浑厚的声音不耐烦了。

“医生，人家一个小孩子，才十五六岁，一个人在温州不容易，现在眼睛瞎了，哭一下不行啊，你怎么做医生的？还悬壶济世呢？”

“是啊，没见过你这样的医生，就知道要钱，刚才你问我们谁是他家属，不就是想让我们支付医药费吗？”

“就是，不要看不起我们农民工，你上辈子说不定也是农村里出来的呢！你要是不服气，咱们去院长那里评理去。”

“对，对，评理去。”

“各位，各位，大家误会了。这位小弟弟并没有瞎，只是眼睑受伤了，并没有伤到关键部位，所以大家不要着急。我刚才语气冲了点，请各位乡亲父老原谅。”

大家一阵兴奋，听得出来，都为我长出了一口气。

“你说的是真的还是假的？别蒙我们啊！”那位摊主又说话了。

“放心吧，大伯。你想想眼睛受伤不是感冒发烧这么简单，我能当作儿戏吗？”

听到这里，虽然我眼睛蒙着，但还是忍不住流下了眼泪，不是为自己难过，而是感恩世界上还是好人多。

“小弟弟，别哭了，你再哭，你这些老乡会吃了我的。听我说，你现在刚做完手术，不要太激动。现在你的眼睛里敷了药，当心眼泪把药冲淡了。留着你那些眼泪，过几天再流，现在还用不着。过几天后，那眼泪可以杀菌消毒呢。”

众人不知道他说得是真是假，一起笑了起来……

我由于眼睛受伤，需要有人照顾，但是又不能让父母知道，怕他们担心，我实在没有办法，只好给我姐姐打电话，让她来照顾我几天。接到电话的当天，姐姐就向单位请假，坐火车从北京赶过来了。当她风尘仆仆地来到我床前，看到我双眼蒙着纱布的时候，立刻哭了起来，边哭边问我现在感觉怎么样。我听得出来，她的话音中透露着对我的关切与爱。

我连忙安慰姐姐说：“姐姐别哭，没事了，现在已经动了手术，就是暂时不能拆线，所以让你过来照顾我几天，你单位领导不会批评你吧。”“傻弟弟，即便是姐姐不干了，也得回来照顾你啊。你放心吧，单位领导对我挺好的。”那些日子，姐姐每天在出租屋与医院之间两点一线地跑，为我做吃的，扶着我出去走走……

06. 至暗时刻

我在医院躺了三四天后，本以为眼睛会逐渐康复，但实际上却变得奇痒难忍，好几次我都忍不住地用手去挠。

姐姐发现后，连忙问我："怎么了，眼睛是不是还疼？"

"我也说不清楚，既有些疼，又有些痒。"我回道。

"等一下，我去叫医生来。"姐姐说。

医生小心地帮我把纱布撤去，我感到眼部一阵清凉，然后他慢慢翻开我的眼皮，看了看我的眼睛，对护士说："把病人转到手术室。"

医生的声音虽然小，但差点让我再次昏厥。姐姐也感到事情不对，连忙问医生怎么回事。

医生说："你弟弟的眼睛已经感染了，现在必须再次做手术，否则眼睛会有严重危险。"

姐姐一边安慰我，一边四处借钱。想到姐姐四处求人借钱的苦楚，我忍不住地质问苍天："为什么让我受这么大的苦，为什么让我承受这么多的磨难？"

就这样想着，我第二次被送进了手术室。

手术后，我询问医生是什么原因让我感染的。医生告诉我，给我做手术的主刀医生是个实习生，整个手术过程比较顺利，但是最后的消毒部分没有做好，致使术后3天我的眼睛出现了红肿发炎的症状，需要再次进行手术。

第二次手术不是很复杂，但来来回回总共花了一万多元，我将店铺转租了，将所有家当都变卖了，才勉强凑上了医药费。

自从眼睛受伤以后，我的生活和命运也由此而改变：没有了工作，也就没有了收入，每天躺在出租屋里，当太阳的余晖透过窗子照射进来，满屋的灰尘在阳光的照射下形成一根光柱。我抬头看着墙角上的蜘蛛网，蜘蛛在不停地来回爬动，织着它的网。突然间，我感到一阵悲哀：出来闯荡一年多了，无奈命运如此不济，刚入社会就受了两次伤，找工作还被迫下岗，自己创业差点连累了父母，好不容易通过学自行车维修熬到现在，风风雨雨走过来，就因自己对书法的爱好，险些把眼睛毁掉，还把辛苦积攒的一万多元当医药费交给了医院。

现在，店铺转给别人了，我什么都没有了。

“唉，为什么我的命运如此坎坷？”我再次想到了老师、父母对我说的那句话：“孩子，这就是命，你这辈子都是农民，不要胡思乱想了，还是想想今天能砍多少柴吧。”

人看不到生活的希望，自然也就没有了失望。我不再理会姐姐对我苦口婆心的劝导，也不在乎陌生人对我的嘲讽。

然而，我从小养成的质朴、憨厚、老实的品格，即便在我堕落的时候，也紧紧束缚着我。

筑梦笔记

每个人的生命中，都可能会有那么一段时间，我们迷失方向，忘记初心。

但正是这些低谷时刻，让我们有机会停下脚步反省和思考。

不论遭遇何种困境，都不放弃对美好生活的追求。因为最终能够救赎我们的，只有我们自己。

07. 艰难前行

灵魂的洗礼

走在马路上，我不知道自己的未来该走向何方。做好人，被人欺负，命运一波三折，却吃得安心，睡得踏实。做坏人，被人厌恶，此生如怒海扁舟，风雨飘摇。我该怎么办？我到底应该如何选择自己的道路？不知不觉，我走到了一个三岔路口。

我苦笑了一下，心想：是啊，面前这条路恰如我的人生，是再次做选择的时候了。

我看了看左边，灯光昏暗，道路崎岖不平，远远望去，一片漆黑。远处闪着微弱灯光的地方是农民工的租住地，他们白天进城打工，晚上出城回到租住地，抽个烟，喝点酒，聊几句家常话，然后就早早睡下了。

往右望去，一条光明大道，五彩缤纷的广告牌让人眼花缭乱，歌舞厅传出的重金属的音乐声、卡拉OK歌房的男女唱歌声、道路上车来车往的喇叭声，以及整条街道人来人往川流不息，让人感受到了大城市夜生活的魅力。

我停住了脚步，站在三岔路的路边，如同站在自己的人生的十字路口处，看着左边的空寂；右边的喧嚣。选择左边，每天只能从事艰苦的体力劳动。选择右边，继续当社会闲散人员，但这样不仅良心上过不去，而且随时可能招来麻烦。我该怎么选？

我又一次抬头望向天空。此时已经十点多了，不知何时刮起了大风，把路上的废纸、塑料一个个打着转儿吹向天空，我的衣服也被刮了起来，路上的行人也都一溜小跑，一阵灰尘扬起，我一动未动。豆大的雨点落了下来，起初是一滴一滴，很快就变成了瓢泼大雨。就这样，我站在了大雨滂沱的大街上，一动不动，因为我不知道该选择右边还是左边，只想让雨水冲刷掉过去，我想与过去告别。

自我救赎

经历过那个狂风暴雨之夜，我仿佛被命运抛弃在人生的十字路口，无助、迷茫、愤怒，所有的情绪在那一刻汇聚成一股无法抑制的力量。

我问天，问自己：为什么我的生活是这样的？为什么我总是徘徊在选择的边缘，挣扎在光明与黑暗之间？

那一夜，我看见自己内心深处的渴望，那是对光明的向往，对梦想的追求。我意识到，只有自己才能决定自己的命运，只有勇敢地走出泥潭，才能迎接属于自己的光明。那一刻，我发出了生命中最强烈的呐喊，那不仅是对命运的挑战，更是自我救赎的誓言。我下定决心，不再让自己沉沦，不再让自己的生活被黑暗笼罩。我要走出这泥潭，走上我心中那条光明的道路。

一个星期六的上午，我出门闲逛，一是想放松心情，二是想观察一下有没有适合我的工作。我边走边留意着路两边的摊位，看看哪些摊位的生意比较红火。忽然听到前面一阵吵闹声："别急，别急，慢慢来，我这里有的是。"

"有刘德华吗？"

"有！"

"有张学友吗？"

"有！"

"有没有周慧敏啊？"

"有，什么都有！"

"我要'四大天王'，你有吗？"又有人喊了起来。

"别说'四大天王'，就是一百零八将，我都有。"老板夸张幽默的话语惹来一阵笑声。

看得出来，这位老板经常做此类生意。忍不住好奇，我朝那边走过去，到了跟前，只见最里面的人蹲在地上仔细挑选，中间一部分的人半蹲着身子，看到自己满意的画，就让老板递过来，外面的人则踮起脚尖，伸长脖子观望着。

老板忙得热火朝天，一会儿工夫就卖掉了一大半明星画。我心想自己一没有资本，二没有经验，这种生意对于我来说再适合不过了。

打定主意后，我说做就做。我走上前去，挤到老板旁边，看老伯卖完了画，我就跟他闲聊起来，这大伯也是爽快人，大大咧咧的，很健谈，在聊天的过程中，得知他家有个儿子在杭州省城工作，他自己摆摊卖画纯属为了打发时间。说这是他今天在这里最后一天卖画，明天就去儿子家帮忙带孙子了。

我们聊的很愉快，到了中午，老板看着我说："小伙子，谢谢你啊。"

"不客气，老伯，我看您这画卖得这么好，您真有眼光啊！"

"呵呵，过奖了。刚才因为人多，没时间问，你为什么帮我？"

"没什么，只是看您忙不过来，所以帮把手而已。"当老板问我的时候，我反而不好意思说自己内心的想法了。

"看你吞吞吐吐的，有什么话就直接说。"

"是这样的，老伯，我是外地人，来温州一年多了，做过不少工作，但都亏了，刚才在路上看您这里的生意挺红火的，所以想问问您的进货渠道以及价格。我也打算做这个生意，等赚了钱，再做别的。”

老板一边抽着旱烟，一边听我说话。听我说完，他思忖了片刻，对我说：“我告诉你进货地址，这些画就在瑞安商城，我一个朋友专门做批发。你去了以后可以告诉他，你是我的远房侄子，我也给他打个电话，他会按照比其他人低的价格批发给你的。”

“谢谢您，大伯。”我不知道该说些什么，只能不停地对他说谢谢。

“反正也没有几张画了，这个摊子我就送给你了，以后你在这里摆摊没有人和你争抢的，你放心用吧。”

老伯上了车后，朝我挥手告别，我站在原地，目送着车子缓缓开走。

浴火重生：从梦想破灭到自我反省

知道了货源、价格，其他的就好办多了。我没有心情继续闲逛下去了，立即转身回出租屋，考虑如何进行下一步。

第二天早上六点半，趁着天色尚早，路上的车不多，我就出发了。我骑着一辆女式凤凰牌自行车，向着瑞安商城的方向进发。到了瑞安商城，按照老伯的提示，我找到了那位朋友。那位朋友很热情地招待我，显然，老伯和他提前打过招呼了。

他按照每张画 4 角 5 分钱的价格卖给我，我算了一下，手里的钱刚好够买 100 张。买完画后，我直接去了老伯昨天摆摊的位置，撑起了自己的摊子。果然，这个摊位成了我的福地。附近的学生趁周日没课，都上街购买时髦的小商品。第一天的生意堪称火爆，净赚 55 元，这让我欣喜若狂。自从眼睛受伤后，我终于又赚到钱了。

自那以后，我开始做起了每天进货、卖货，出租屋、瑞安商城、摊位三点一线的固定生活。现在想想，当时那些学生追星的狂热令人记忆犹新。看到他们有时逃学来买我的画，我心里总有些不是滋味。于是，我改变了策略，晚上卖画，白天除进货外，就出去看看有没有更适合自己发展的行当。这样做虽然阻止不了学生的追星热情，但最起码自己的良心会好过一些。

生意红火是好事，但其中的艰辛，也只有自己知道。如果是阴天，我只能祈祷进货回来的路上不要下雨。有时候，自行车坏了，如果是链子掉了或是螺丝松了这种小问题，自己以前的手艺也能派上点用场。我最担心的是路面崎岖不平，颠簸之下绑在后座上的那些画很容易受损。因此，每次骑车，我都很小心。

到了晚上，做小生意的人也很多，看似一片繁华热闹的景象，但其实人越多，就越容易引起城管的注意。一旦碰上城管，轻则罚款，重则没收所有货物外加罚款。所以，对于我摆摊的德胜桥这一带，很少会有摊主大声吆喝招揽生意。

逆境求索

一场突如其来的暴雨之后，我的生活被打回了原点。那晚，我疲惫地躺在床上，忘记了将三轮车上的画搬进屋内，结果清晨醒来时，留给我的只有一堆被雨水浸透的废纸。我站在那儿，心中充满了无奈和失落，命运又和我开了一个无比残酷的玩笑。

迷茫中的种子

我漫无目的地走进街角的小店，坐在那里看着大街上人来人往，心中充满了对未来的迷茫和对自己的质疑，根本找不到方向。很偶然地，我听到旁边有两位老人在谈论书法，其中一个老人提到："现在的年轻人，已经忘记了书法的美。"

这句话像一颗种子，悄悄地在我心中埋下。我决定利用空余时间练习书法，起初我满怀信心，认为这将是新的开始。因为五六岁的时候，我就跟着父亲给乡亲们写对联，谈不上写得好不好，乡亲们只图喜庆的年味，非常乐意把我写的春联贴在自家门头。

然而，现实给了我重重一击。没有经验，没有指导，我的书法之路是没有前途的。每次练习结束，我看到自己写得歪歪扭扭的字，心就像被压了一块大石头，感觉自己根本算不上练书法，而只是在写字，真有点贻笑大方了。

公园里的伙伴

随着经济上的压力越来越大，我不得不搬离出租房，身上也没有什么钱，晚上累了就在公园长椅上睡觉，早上起来就到附近逛逛。

一天傍晚，我走在温州老南站的天桥上，看着黎明路的繁华街景，我不禁自问，我还能不能在城市中有属于自己的一间房子呢？坚持住，只要挺过难关，一定能够实现愿望的，这是我当时真实的想法。

然而，我除了梦想一无所有，每天写字也没有什么用，不仅赚不到钱，还要被人冷嘲热讽。在一个公园里，我结识了同样处于困境的人们，我们坐在长椅上，分享彼此的故事。老李是其中之一，他曾是一名工人，因为一次事故失去了工作，他对我说："生活总是这样无奈，从哪里跌倒，就在哪里爬起来。"

书法老者的指引

有一天，我在公园的角落练习书法，一位路过的老者驻足观看。他是一个书法爱好者，我们聊了很久，他告诉我："你的字有一种特别的韵味，但是精雕细琢的功夫不够。"在他的指导下，我加深了对书法的理解，调整了练习方法。他还给我推荐了几本字帖，我口头上说好的，但其实我根本没有钱去买，还好新华书店里的书可以免费翻阅，于是，到附近的新华书店里赏鉴米芾、王羲之、颜真卿的字帖成了我的日常生活之一。

用书法，赚到第一笔钱

慢慢地我的书法技艺开始有所提高，我在街角用心书写的作品逐渐引起了人们的注意，我的心中升起一种久违的满足感。我明白，正是挫折和磨难，锤炼了我的意志。生活仍然充满挑战，但我已不再惧怕。我知道，只要给自己一个奋斗的理由，就能在逆境中找到一条出路。

一天晚上，我蹲在地上，用捡来的笔墨在废报纸上练字。这时对面急匆匆跑过来一个人，手里拿着一卷白布，一见到我，他就急匆匆地问道："小伙子，听说你会写毛笔字？"我自信地答道："是的，会写点，从小就喜欢！"虽然我的声音不大，却充满了自豪感。他接着说道："能不能在我这张布上给我写几个字，我给你50块钱！"

听到他的要求，我心里乐开了花，写几个字就能赚50块钱，这对我来说真是雪中送炭啊！我连忙问他："要写什么字？"

他说："你就帮我写几个大大的字：无良开发商，还我血汗钱！"我有点犹豫地问他："这不会违法吧？"他说："这违什么法？我们一帮人要去合法维权，需要一条横幅，你可以写的话，就赶紧帮我写一下！"

经过简单的思想斗争，我连忙回答道："好的，好的，没有问题。"

我写完后，他很满意地拿走了。我这才发现，自己手上和衣服上都是墨水，或许是第一次写字赚钱，多少有点紧张和慌乱吧。我想，我以后会慢慢习惯的，毕竟，这是一个好的开头。

筑梦笔记

生活有时候真的很无奈，但也充满了未知的挑战和机遇。

当我们面临困境时，往往也是自我突破的开始。

无论境遇多么艰难，只要心中怀有希望并坚持不懈，就一定能找到通往光明的道路。

每一次挫折都是成长的契机，每一个逆境都是成功的起点。只要我们心怀梦想，勇敢面对，生活终将以希望和光明回馈我们。

勇于在困境中磨砺自己，才有可能迎来有着无限可能的明天。

字帖之光

华盖山紧邻温州中山公园，是附近老年人闲暇时游玩、晨练的好地方，山上空气清新，树木繁茂，花香鸟语。每天五点多钟就会有很多人上山，有打羽毛球的、练太极拳的，还有练体操的，伴随着鸟儿的叫声，别有一番情趣。到了七点多钟，朝阳升起，却不刺眼，老爷子们就拿着鸟笼悠闲地来到这里。正所谓人以群分，爱鸟的大伯们纷纷围在一起。外行人看鸟儿很漂亮，就问是什么品种，叫什么名字。内行人则看门道如果鸟儿叫声清脆、动作敏捷有力，就会赢的一片叫好声，不懂行的也跟着叫好、鼓掌。

我早晚经常来这里散步，到了晚上，这里只有一些和我一样无家可归的人在山上游荡着。如果有熟人的话，还可以聊聊天，而我就自己一人，在这里也交不到什么朋友。夜深人静的时候，陪伴自己的唯有内心深处的那份孤独和忧虑，想的太多，忧的更多。

在这样的夜晚，我做什么呢？想到自己从离开家乡到现在，一路上走来，经历的种种坎坷，真有掉泪的感觉，尤其是这次眼睛受伤，还让我差点失去光明。一想到眼睛受伤，我脑中灵光一闪，我突然想到了字帖。我为何不趁着夜深人静的时候，练习一下书法呢？

说干就干，我立即在山上折了一根树枝当笔，蹲在公园池塘旁边，在亭子的空地上写一些励志的话，鼓励自己。记得刚开始我一直在写四个字“出人头地”我一刻不停在月夜星空下用左手和右手轮流地在地上写着，当时并非想要靠书法练习博得名利或改善生活，全当是让自己的流浪生活更加充实点罢了。第一天晚上，我几乎一刻没停地在地上写着，忘记了饥饿和痛苦，内心只有快乐和欣喜。一笔一画之间，我内心充满了喜悦。就这样，夜色之中、朗月之下，一个贫穷的少年以月为灯，以地为纸，不知疲倦地练习着，一遍又一遍……

“出人头地”，这四个字，写起来容易，但要实现这四个字却异常艰难。我身无分文，只能以天为盖、以地为席。写着写着，我执笔的右手有些发酸。于是我就想，能不能用左手试试呢？说干就干，我开始用左手练习起来……

看着一个个妙趣横生的字儿，我内心不由地生出许多惊喜，生活的苦恼被抛到脑后。

这是，我抬头看了一下天空，夏天天亮得早，我估计当时是早上 **4** 点多了，因为每天 **4** 点多的时候就有老年人或者锻炼的人起早上山。渐渐地，上山的人一拨接一拨，我停下手中的“笔”，倒在凉亭的凳子上睡着了。想不到整夜的练字给我带来了一些精神上的慰藉，我不求练字能够带来什么，只求磨炼自己仅存的那点意志力。

有了这个“环境和时间”，我似乎又重新拾起自己儿时的爱好了。

就这样，经过近二十几天的练习，我的空心字有了突飞猛进的进步。“这小伙子空心字写得不错啊！”简短的一句夸奖，给了我很大的鼓励。

两根油条的故事

生活总是充满了讽刺和挑战，当你认为自己已经跌入了生活的最低谷，命运却似乎还要给你更深的一击。

一日，我从公园的长椅上醒来，发现自己唯一的一双鞋不翼而飞。我只能赤着脚，漫无目的地游荡到蒲鞋市菜场附近。一位衣着光鲜的女士走在我前面，她的步伐轻盈，而我心中却只有一个荒谬的念头：如果她能不小心掉下一块钱，那该多好啊。一块钱足以买一个馒头充饥。在垃圾堆中，我意外地找到了两只拖鞋，一只红色，一只蓝色，虽然它们原本并不匹配，但穿在我的脚上，却成了一对。我的脚底已经磨得伤痕累累，泥沙和伤口混杂，每走一步都疼痛难忍。但有了鞋子，我就能走得更远。

夜幕降临，我在一个空荡荡的服装店里找到了栖身之所。午夜时分，我躺在店内的长凳上，突然有人走了进来。他瞥了我一眼，低声说："兄弟，要不要出去干一票？现在外面机会多得很。"我坚定地拒绝了他："要去你自己去，我绝不会去做坏事。"他轻蔑地哼了一声，迅速离开了。

这些年来，我始终铭记着父亲的教诲，他告诉我要做一个正直的人，不走歪路，不搞邪门歪道，要靠自己的努力去奋斗。即使再落魄，我也绝不会去偷去抢。人可以贫穷，但不能作恶。只有心正，路才能走得正。我相信，所有的苦难终将过去。

几天后，我在牛山北路看见远处有一辆大巴车停在路边，许多乘客走下来休息。我靠近一看，很多矿泉水瓶被丢在旁边。我知道一个矿泉水瓶能卖一毛钱，纠结要不要去捡。大丈夫能屈能伸，捡瓶子也没什么，只要不违法就可以。我蹲在路边，把矿泉水瓶一个个捡起来，倒掉里面剩下的水，捏扁，抱在怀里。我想象着等有一天自己功成名就，把这段捡瓶子的经历写到自传中，一定很有趣。一共**11**个瓶子，去废品站卖，老板嘲笑我说："就这么几个啊？"一共卖了一块一毛钱。这是近半个月来，我手头第一次有钱，拿着钱，我的手都是抖的。到早餐摊上一看，油条三毛钱一根，我想了想，咬牙买了两根，省下**5**毛钱存着。拿着油条，我找了个没人的角落，狼吞虎咽地吃起来。吃着吃着，眼泪掉下来了，泣不成声。我边哭边把油条往嘴里塞，太久没吃过东西了，肚子里一滴油水也没有。我瘦得皮包骨头，走路打摆子，几口油条下肚，全身都暖了。这两根油条救了我的命。

筑梦笔记

命运从不会对任何人一味苛责，每一次跌倒，每一次磨难，都是生命的财富。那些逼迫我们放下尊严的时刻，实际上是在教会我们要坚强地站起来。

08. 偷师学艺

牛山劳务市场

温州是全国最大的小商品生产基地，也是全国外来务工人员最多的城市之一。良好的营商环境使温州成为中小微企业的聚集地。温州人很会做生意，大部分温州人不喜欢上班，都想自己创业。这在全国其他城市，是不可想象的。我来这里闯荡，最重要的目的就是学习温州人的创业精神。

有一天，我在牛山劳务市场找工作，看到一个老板在现场招工。只见这位老板 30 岁出头，面善和蔼，说话也很客气。

“老板，做什么工作？我可以吗？我会讲温州话的。”我问道。“我是卖鱼圆和炒粉干的店，你是哪里的？”老板问。

“我是浙江丽水的，今年21岁。”我用不太标准的温州话回答着。

“把你的身份证拿来看看。”老板说。

我从口袋里拿出身份证和劳务就业证。

他看后，把我和另一位安徽籍的青年又打量了一番。

“会说温州话，交流起来比较方便，看这位丽水的青年也比较诚实。”老板说。

我一听大有机会，抑制不住内心的激动。同时我也犯起愁来，已经身无分文的我，如何拿得出17元的介绍费呢。我心里想着，碰碰运气吧。

“老板，是这样的，我前几天身上就没有钱了，您能不能先给我垫上介绍费，到您那里上班后，再从工资里面扣。”我壮着胆红着脸对老板说。

“啊？你没有一分钱了？”老板惊讶地问。

“是啊，老板，你放心，我一定会努力工作的，麻烦您先给我垫一下。”我回道。

“那好吧，看你也是实在人，就相信你。”老板说。

就这样，我顺利完成了登记手续，他带着我走出了劳务市场大门。

鱼圆店的日常

在鱼圆店上班其实不累，他们是做晚上生意的，凌晨3点要起床把包心菜切好，菜要切得很细。5点多，要把工具、篷子架等用三轮车拉到小区外面的街道上摆好。晚上营业到12点收工。

几日相处下来，我得知老板姓宋，名德平，我称他宋老师。

我们谈得很投机，他是温州灵昆人，几年前就一人搬到温州，靠勤劳的双手支撑起整个家，单靠卖鱼圆和炒粉干就在温州买了房子。他说作为年轻人，要有志气，不怕辛苦，趁年轻时候要多做点事，掌握更多的经验。其实这些也都是我心中所想的，我在闲时跟他聊了很多我过去的事情，比如我家里贫穷，读不起书，初中二年级就辍学了，16岁出来闯社会，到温州后也尝试着做了很多事，但都以失败告终。我说我相信我以后会像温州人一样成功的，因为在温州，我能够学习到温州人的拼搏精神、温州人的经商头脑。

他看到我这么有进取心，经常一闲下来就和我谈这方面的话题，我们也从老板与雇工的关系变得像朋友一样。他不断地鼓励我，给我讲很多做生意和做人的道理。

来宋老师这里工作后，我曾这么想过，在这里干100天，就能够赚1200多块钱，拿1000多块钱就可以出去做自己的事了，比如，去做一次性的打火机，我之前学过，配件也好买，我连打火机的名字都想好了，就叫“百添打火机”，意思是要纪念这段百天的打工生涯。沉不住气的心态让我一点点远离按部就班的打工生活，又一次走向了风雨飘摇。

我每天在墙壁上画一个点，一个点代表一天，等画到100个点的时候，就是我要离开的日子了。想法很好笑却很有激情，因为有了这个想法，我一直处在一种追求成功的状态下。时间一天天地流逝，我的“成功美梦”也渐渐由远及近，在差不多两个月的时候，我跟宋老师提出我在他这里只干 100 天。宋老师首先是挽留，并说可以给我加工资到每月 600 元，可我认定的事情很难改变，在我坚决要离开的态度下，宋老师只有尊重我的决定。

在宋老师身上，我看到了温州人的创业精神，我怎样才能有自己的一番事业呢？宋老师对我说过一句话：“赚钱有很多种赚法，一种是细水长流式的，每天进账一点，水滴也会慢慢汇聚成河；一种是爆发式的，即做大生意，投资大，赚的也多，但如果亏了的话损失也大。”简单的一句话，似乎点醒了我，我之前总想做大生意，开公司办厂。

时间过得很快，墙壁上的点到 100 个了，到了要离开的日子，结算工资的时候我拿了 1200 元，而在这 100 天的时间里，我只花了不到 20 元，因为吃住都是在宋老师家，其他我能省就省了。

就这样，我离开了宋老师的小吃店，身上带着 1000 多块钱，幻想着自己能够咸鱼翻身大干一场。

我从上陡门一直往前走，走到了山后村，看到那里有很多的旧房子，其实这一带我挺熟悉的，18岁的时候我就在不远处的旺增桥开过自行车修理店。不大一会儿我就找到一间位于二楼的房子，有20多平方米，每月租金200元，我把它租了下来。

一切从头开始，我买齐了做打火机所需的设备：煤气罐、钳子、螺丝刀，以及打火机的塑料机箱等配件，这些在温州打火机市场都可以买到。我还专门去设计制作了一个丝印的模具板，上面就写“百添打火机”。

然而，现实就是现实，只有可怜的1000多块钱，想要成功简直就是异想天开。两个多月下来，我几乎没有赚到什么钱，无奈之下只能将设备贱卖，另寻出路。

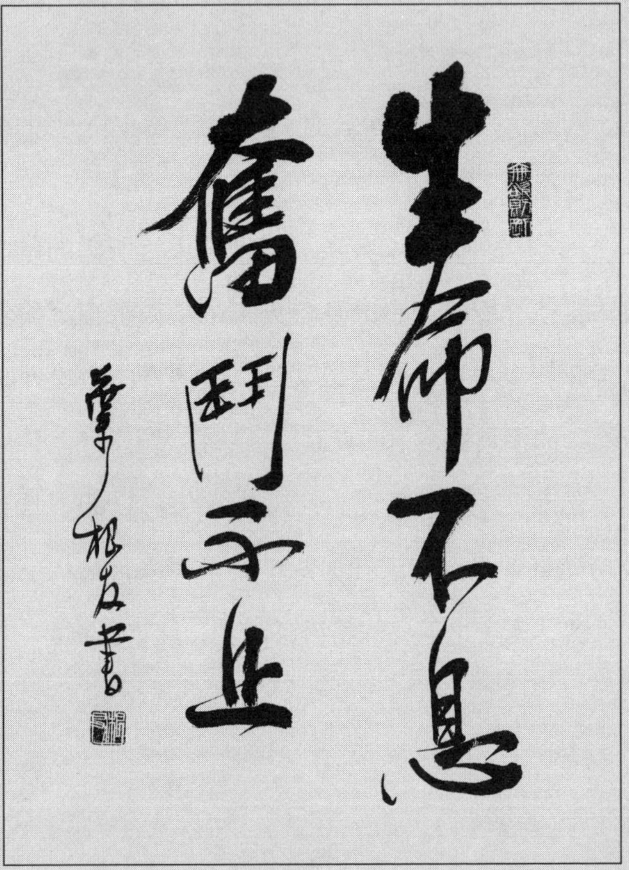
生命不息
奋斗不止

第二章

书法艺术探索与成长（1998—2004 年）

09. 逆袭之路

苦学厨艺

在学校读书的时候，我根本不知道什么叫作“学习”。走出校门，进入社会后，我才知道人没有一技之长是件多么可悲的事。自从打火机生意失败后，我始终没有找到固定工作，也没有了再次创业的想法。

一天，我在路上四处寻找有没有合适岗位的时候，无意中看到马路对面有个饭店招收洗碗工，月收入 300 元。对于我这个流浪汉来说，这份工作再适合不过了。很快我就在那里上班了。我知道，一个饭店里除老板外，就属厨师的厨艺有技术含量了。因此，为了能够立足于这个行业，让自己有工作保障，我开始苦学厨艺。

每天，当厨师们炒菜的时候，我就在旁边若无其事地边洗碗边看他们是按照什么程序，火候是怎么掌握的，等等。到了晚上休息的时候，再仔细地在脑子里回顾一遍。

厨师每天的工作就是炒菜，所以劳累了一天后，他们就懒得再动手了。尤其是下班后，他们只想坐在凳子上吸烟、喝茶、看电视，用这种方式来缓解一天的疲惫。给自己做饭的工作，他们会交给我们这些小工去做。小工们也劳累了一天，都懒得做，因此做饭的事情，很多时候大家都在推脱。为了把自己学到的技术应用于实践，我主动承担起了做饭的任务。因此，大家每顿饭吃的都是我自己实践的“产物”。每次快到吃饭的时候我就会向厨师长“请示”，今天的菜我来炒，厨师长爽快地答应了。

刚开始的时候，大家都吃不习惯我炒的菜，后来，随着白天观察，晚上领会，第二天实践，我的厨艺竟然很快地提高了。每天我就这样忙碌着，随着时间的推移，大家对我的厨艺赞不绝口。到了后来，或许是意识到这样下去我会抢了他们的饭碗，所以每天上班的时候，厨师们会特别警惕我是否在他们身边，而晚上做饭的时候，他们也不再让我做菜，只让我煮饭。这样一来，我的技术也就没有了用武之地，但这也从侧面说明了我的厨艺大有进步，“威胁”到了他们的地位。在有喜有忧的心情下，我渐渐不再满足于做一个洗碗工。

在那家店里做了两个多月后，我又变得不安分起来，总想换个环境挑战一下自己，我向老板提出了辞职，老板问我干得好好的为什么要辞职，我胡乱应付了一下，说是家里有急事要我回去。

那时候的温州，普通员工辞职不干是很正常的事，每天在温州牛山劳务市场找工作的有几万人，哪个饭店或者工厂缺人的话只要往职业介绍所打个电话，立刻就会有很多打工仔来面试，所以当时我提出不干，老板很快就答应了，因为那时候最不缺的就是“人”。

我来比较靠近温州市区的谢池巷劳务市场，不少人都知道，这个劳务市场比牛山劳务市场来说要“高级”一些，不过这里的介绍费也要贵一些，每次要 **40** 块，而牛山劳务市场的介绍费只要17块。在谢池巷常可以看到温州本地人的身影。

我看到一个介绍所门前站了好多人，凭经验我知道这是有老板到现场来招工了，这可是找工作的人千载难逢的机会啊，我赶快跑了过去。当我挤到老板面前的时候，听到他要找个厨师到厦门那边去炒菜，要求技术好，有吃苦耐劳的精神……

大概过了几分钟，我看都没有人应招，可能是大家觉得厦门太远了，我想都没想就说："老板，我去！"

老板说："你愿意去是吗？拿身份证给我看看。"

我递上了身份证，他问我对工资有没有要求，以前在哪里做过厨师等，我一一作答："工资没有关系，我们可以再谈，我以前也是在温州炒菜的，技术你绝对可以放心。"说这话的时候，我其实一直红着脸，要知道，在原来的那个饭店，我可不是主厨，只是一个洗碗工，一下子让我做厨师，我干得了吗？

老板说："一个星期后我们才去厦门，那边的店还没有装修好呢，你明天过来试菜后我们再谈具体细节吧！"

小试身手

第二天，我到了老板指定的地点，第一桥附近的一家饭店。饭店不大，有一个厨师和一个改刀的，昨天招人的老板就坐在店里，他看到我来了就和厨师说等一会儿让我炒几个菜试试。

那时候正是忙的时候，我也到厨房里帮忙配菜，一直忙到了中午，客人走了一批又一批，看来这家店的生意不错。厨师说："老板说了，中午我们吃饭的菜由你来炒，当做试工。"于是，我炒了红烧茄子、红烧鮑鱼头、宫保鸡丁、鳝鱼汤四个菜。他们吃了后，感觉还不错，老板没说有提出我炒的菜有什么不足。

老板叫我出去，我坐在他的对面。

老板说："你听得懂温州话吗？"

我说："会说，我在温州好几年了。"

老板继续说："你炒的菜我们尝了，味道还不错，不过鱼头有点苦，可能是他们洗菜的时候把苦胆弄破了，鳝鱼汤有点做老了，不过也没有关系，以后注意些就是了，年轻人反应快，刚刚看你在里面也忙了半天了，表现不错，你去厦门的话，工资要求多少？”

听到这话，我心里的石头一下落了地，我没想到老板会问我预期的薪资，以前都是老板给多少，我拿多少。

我一时不敢开口，说多了，怕应聘不上，说少了，人家觉得你肯定技术不过关，我试探性地问：“我在原来的店上班，工资在1100块到1500块，不知道你们那里工资大概多少？”

老板想了想说：“那就这样吧，我第一个月给你1100块，第二个月再给你加工资，怎么样？”

我的心怦怦地跳，我完全没奢望真能拿到1000块以上的工资。

我抑制住内心的喜悦，回答道：“一切听老板的安排，我相信只要我干得好，老板不会亏待我的。”

从谈话中，我得知老板姓梅，温州瑞安飞云镇人，这次是和其他几个老板一起去厦门开饭店。

因为一个星期后我们才动身去厦门，我就主动提出说这个星期免费给这家试菜的饭店干活。其实，我心里也是有小九九的，我在这里帮他们干活，可以学习炒菜技术，而且在这里有吃有住，我一人吃饱全家不饿。这一个星期，对我来说太重要了，我在这里学到了很多炒菜技术，这里的厨师也和我成了好朋友，好多菜的做法我都试探性地和他做“交流”，其实是向他取经。

老板在厦门的饭店，位于厦门同安县大嶝岛上，对面就是小金门和大金门，这里的房子最高的也只有三层。岛上新开了一个市场，叫厦门对台商品贸易大市场，很多温州人在这里做生意，也是大陆对台湾地区的一个新的贸易窗口。由于是新开的，市场的人气不是很旺，同来的有两个老板在这里投资开饭店，我们的饭店叫“海一角海鲜楼”，另外一个温州老板的饭店叫“天一角海鲜楼”，两个饭店紧挨着，名字中只有一个字不同。

在温州学的是温州菜（瓯菜）的做法，而这里听说全部是海鲜类，我心里又没有底了，海鲜我做得可不多，看到那些大活鱼、大活虾的，我还真的不知该如何下手，还好我们到这里时，饭店还没有装修好，要过半个月才能开业。附近全都是海鲜酒楼，我们店附近有家名为“同安海鲜城”的酒店，刚到厦门的时候，我们都是在他们店里吃饭，一来二去我和那家店的其中一个老板熟悉了。我了解到，这家店是由5个兄弟一起开的，大哥掌管饭店大权，跟我关系好的是排行第五的，叫周芳友。他们店忙的时候，我也进去给他们“帮忙”，其实是偷师学艺，学习当地饭店对海鲜的处理和做法，短短几天时间，我就掌握了不少的海鲜制作方法，我还了解到当地海鲜的做法以蒸和煎为主，当地人的口味普遍比较清淡，这和温州人比较类似。

我在海一角海鲜楼干了3个月就离开了，后来听说那家店开了不到一年就关门了，原因是它所在的市场刚建起来，客流量不多，主要做些来大嶝岛旅游的客人的生意。

后来回到温州我继续求职之路，我总结了一下在厦门学到的炒菜经验，也给自己立了个规矩，做事要勤勤恳恳，与别人谈事要大大方方，这样才会得到别人的青睐。离开厦门后，我就没有再去过那里，以后有机会了，一定要再去看看老朋友周芳友是不是还在那里开店，是不是还记得我。

苦练书法

回到温州后，我在永嘉一家专门做快餐生意的饭店找到了工作。我的工资只有每月 **1100** 元，但工作相对轻松。在饭店干得久了，我的心又不安分了，心想自己不应该就这样一辈子当个小厨师，不然出人头地的梦想何时能够实现呢?

在永嘉饭店的那段日子，我的内心获得了一种平静。每当夜幕降临，我便开始孤独地苦练书法，用笔墨纸砚构建我的理想国。那些被人忽略的夜晚，成了我生命中最宝贵的时光。在这里，我不仅练就了一手好字，更重要的是，我找到了自己的价值和存在的意义。每一次挥笔，都是对生活的深刻理解和对梦想的坚定追求。

就这样，我开始了我的书法生涯，也是第一次比较正式地对自己的爱好进行研究。从一开始随意自由练字到买书法字帖临摹，再到不用临摹，直接写出来，然后和字帖相互对照，很快我就掌握了书法创作的基本要领。唯一让我烦恼的是，练习书法的纸张太贵，而且不能重复使用，所以很多时候，我只能在地上，用毛笔蘸着水练字，或者在炉灶上用炒菜的锅铲或筷子蘸上水练字。时间一长，大家都知道我的这个爱好不是一时的心血来潮，而是真心想练习好，于是为了帮助我节省点费用，就向老板商量，请老板看完报纸不要扔掉，给我当作纸张来练习书法。这样一来，我的毛笔也不会因为在地上写字磨损太快而用坏了。笔和纸张的问题一下子都得到了基本解决，这让我兴奋不已，更让我感动不已，店里的每一个人，上至老板下至每个同事，都在热心地帮助我，在异地他乡，让我备感温馨。此后，老板订的《永嘉报》就成了我练字的纸张，他每天把没有看过的报纸放在抽屉里，等看完了再放到桌面上给我练字。

由于要练字，我对《永嘉报》的内容也会不自觉地看上几眼，时间长了，我对永嘉县的新闻可以说是了如指掌。报纸上的内容不是感人的故事，就是千奇百怪的案例，“我能不能也在报纸上亮亮相呢？”我偶尔也会冒出这样的想法。当然，我也知道，能上报纸的人都得有些特别之处，“我有什么比别人特别一点的地方呢？”我想了半天也没有想到自己有什么特殊的技能，不禁摇了摇头，苦笑了几下，继续弯腰写字，全然没有想到自己是在“骑驴找驴”。

那时候，温州电视台有个节目叫《中国电视吉尼斯》，是一档专门播放奇人异事的节目。永嘉饭店的老板和服务员都对这档节目很入迷，我也不例外，几乎每期都看。看到一些平日里看不到的绝活，我心里想，要是我也能有个什么绝活就好了。然而，“有意栽花花不开，无心插柳柳成荫”，正当我认为自己的人生就定格于此的时候，机会正悄然降临。

一天，我正在厨房里炒菜，忽然听到一句“老板，来两箱冰啤”，听声音那人的底气很足。

“哎哟，原来是王总，是什么风把您吹到我这座小庙里来了？”夹杂着一阵急促的脚步声，老板连走带喊地迎了出去。

“最近一直很忙啊，各家电视台都找我，忙得要命，这不，一个南方的电视台请我去，本来我不想去，一家省级电视台有什么好去的，中央台还差不多，但是那个台长和我以前认识，这次亲自来找我，我推脱不过去，只好勉强答应。今天下午我就坐车夫，走之前想来你这里吃顿饭。”这人说话说得格外响亮，似乎是使劲儿喊出来的。

“那是那是，现在谁还不知道你王总呢，你想想，别说是在中国，即便是世界上，哪有人能像你这样有骑自行车过啤酒瓶的绝技呢？”老板回应道。

“不敢当不敢当，我这一手不敢说世界上绝无仅有，其他人或许比我做得更好。”王总停了一下，或许是觉得这样的谦虚有些过头了，生怕别人认为自己说的是实话，于是他话锋一转，“不过，到目前为止，我还真的没有找到能够达到我这个水平的。老板你也知道，这四条腿的蛤蟆到处都是，但是三条腿的人难找。中国这么多人骑自行车，为什么偏偏就我上电视，就是因为我这一手不容易学。”

随着客人越来越多，王总说得激情澎湃。听到这里，我才知道说话的这位是谁，原来是我前段时间在温州电视台《中国电视吉尼斯》节目中看到的可以骑着自行车过啤酒瓶的那位，名叫王建光，听说是永嘉邮电局的邮递员，因为天天要骑车送信，练就了绝技而名声大噪。

10. 左手奇迹

我白天上班、下班练书法的生活就这样开始了。可时间久了，我的右臂常会感到酸痛，手掌也会发麻，不管是掌勺还是动笔，都出现了发抖的现象。面对这样的身体状况，我有些苦恼如果不练习书法，让手臂得到适当的休息，就不会发生出现手麻、手抖的情况，但这样一来，自己的书法何时才能上一个层次呢？反之，如果继续练习书法，不仅书法练习不好，连工作都做不好，这种两难的境地是我以前没有想到过的，我无论如何也要想到一个解决方案。但我始终毫无头绪，一天晚上，我继续写字，写着写着，感觉手臂越来越酸痛，别说握笔，抬臂都很困难，我意识到如果再不解决这个问题，两方面都会耽误，正当我左手捏着右臂苦思冥想的时候，一位同事热心地问我：“怎么了？”

“没事，就是臂膀有些酸痛。”

“你上班掌勺，下班动笔，不痛才怪呢，我以前也是上班左手掌勺，下班左手打牌，时间一长，酸痛得很，差点以为自己得了肩周炎呢，后来就换成右手掌勺了。哎，对啊，你为什么不用左手写字呢？你不是一直想上电视吗？如果你左手写字写得与右手一样好，你就能梦想成真了！”

一语惊醒梦中人，从那天起，我白天掌勺用右手，晚上写字用左手。俗话说，万事开头难，虽然对于书法已经颇有些心得，但是从习惯的右手换到了左手，我还是相当不适应，写出的第一个字像是小孩子写的。但是，这并没有阻碍我练习的决心。于是，我第二遍写同一个字，直至第三遍、第四遍。等自己认为有了一点进步后，我再写第二个字，就这样，我开始了完全不同于以前练字模式的书法生涯。

左右双翼

时间过得飞快，转眼间一个多月过去了。在这一个多月里，我左手写字的水平突飞猛进，写出的字几乎可以与右手写的字相媲美。为了不让右手的技艺荒废，我偶尔也用右手练字。就这样，一个月下来，我的左右手都能写出漂亮的毛笔空心字了。

一天晚上，同事给我出难题说："根友，你能不能双手同时写字呢？"

"我试试吧。"以前我都是左右手轮番上阵，从没试过左右开弓。现在当着同事的面，我有些压力，于是边研磨边思考每个字应该占用多大的空间、如何分配空间比例等。思索了一会儿，我决定写自己最拿手的"出人头地"四个字。我将两张桌子对接起来，铺上两张白纸，上身前倾，双手同时落笔。在短短的十多秒内四个字就同时完成了。当我写完、直起腰来后，发现自己后背有些湿漉漉的，全是汗水，心跳得也很快，很显然，虽然四个字十多秒就完成了，但是耗费的精力与日常相比却不可同日而语。打个比方，百米跑与马拉松，虽然都是跑步，但是论激烈程度、紧张程度，恐怕百米跑远远胜于马拉松。写完后，我喝了一口水，仔细地看每个字的落笔、起笔，以及用笔是否正确，再看两手写出来的字是否一模一样。

我看完后，觉得比较满意了，就招呼同事过来，让大家一起看看，他们纷纷鼓掌叫好，同时也亲眼看到了写毛笔字——这一简单的技能竟然能够让人短时间内耗费如此大的体力，让他们对我的技能多了几分尊重。

有了好的起点，一切顺风顺水，从此，我开始专门练习双手同时写字。担心双臂劳累，我不得已向老板请求换个工作。

“老板，我想换个工作。”我低着头对老板说。

“为什么？这里做得不顺心还是工资不满意？”老板有些吃惊。

“都不是，这里做得挺好的，你也知道我喜欢书法，所以每天都写字，但是每天工作后双臂有些酸痛，写起字来有些吃力。所以，我想能不能把掌勺的工作换成洗菜、刷碗、刷盘子的工作？”

“哦，这样啊，那太可惜了啊。洗菜、刷碗本来是学徒工干的活儿，你做这些岂不是倒退了？”

“我也知道，可是，我觉得一辈子掌勺毕竟不是我想要的人生。所以，我打算做洗菜刷碗的活儿，留出更多的体力和精力来练习书法，工资降低一半都无所谓。”

“既然如此，这样吧，我工资照常发给你，一分钱不少，工作呢，就照你说的做。我看你确实是个人才，饭店所有的员工，你是最努力的。我相信自己的眼光，你肯定能够在书法方面找到自己的路。小伙子，好好干，希望你以后出名了，也能为我们饭店做点广告。”老板恳切的话语，让我不禁流下了感动的泪水。

就这样，日子如同平缓的流水，一点点地过着，我的生活也波澜不惊。

一天晚上，我拿起《永嘉报》，准备看完后就用它练习毛笔字。无意中我看到上面的一组信息：欢迎广大读者提供新闻线索，新鲜事、感人事、奇特新闻等，一经采用，即付奖金！

我心里一动，我可以将自己双手写空心字作为奇人奇事提供给报纸啊。即便不成功，也没有关系，何况有可能成功呢。在社会上闯荡久了，我太明白什么叫“机不可失，时不再来”了。说干就干，我立即跑到旁边的小卖部照着报纸上的热线电话号码拨了过去。当听到对方电话“嘟嘟”的声音时，我内心无比激动，手都有些发抖打颤，几秒钟的时间让我紧张得如同过了一年。

“你好！”对方的声音很温柔。

“您……您好，请问是《永嘉报》吗？”我紧张地问道。

“您好，我是《永嘉报》的记者，请问您是哪位？”

“我……我有个情况向您报告一下。”我像下属向领导汇报工作一样答道。

“别客气，请问是什么情况？”对方依然很温和。

“我想毛遂自荐，和您仔细说一下，看看能不能把我的故事登报？”

“哦，那您说一下您有什么特殊的事情吗？”

“好的，我会双手写空心字。”说完，我心里一阵轻松，紧接着又是一阵紧张。我只能听到自己的心跳声，手颤抖得厉害，生怕对方拒绝。

“哦，是这样啊。那好吧，咱们有时间见个面，您给我写一下，然后我拍几张照片。”

“好……好……好啊。谢谢您啊，记者同志。您什么时候有时间？”

“别客气，我们一般是随读者的方便，只要您有时间，我就有时间，因为对您采访就是我的工作。”

“哦，那明天晚上您看可以吗？”我小心翼翼地问道。

“没问题，明天晚上见，您给我地址。”

我放下电话后心头一阵轻松，真切地体会到什么叫快乐——当你极度需要某种东西而得不到的时候，或者说因为缺乏某种东西而让你精神几乎要崩溃的时候，你突然得到了，这就是快乐。

回到店里后，我第一件事就是考虑第二天写什么字，什么字最拿手，想来想去，还是写“出人头地”这几个字。于是，整个晚上，我一直在练习这几个字。毛遂自荐上报纸这件事，我并没有和店里的人说，我要给他们制造个惊喜。

梦想起航

第二天下午两点，我正在厨房里忙着洗碗。突然，我同事告诉我有人找，我擦干手来到大厅，同事指着一位坐在角落头戴帽子的男青年，告诉我就是他找我。我远远看去，只见那年轻人正在低头看报纸。我走过去，轻声对他说：“你好，请问是你找我吗？”

他抬起头来看了我一下，然后站起来说：“是我，昨天晚上有人给我打电话，说是写毛笔空心字，是你吧。”“是我，哦，你是——”由于我不知道他的姓名，所以这样问道。“我就是那个接听电话的记者，我叫胡祖。”“啊，哦，你好，你好，是我打的，没想到你这么快就来了。”“没有打扰你上班吧。”“没有，没有，你稍等一下，我跟老板说一声。”因为老板对我很支持，所以，我觉得我请假他会同意的。果然，老板听了以后很高兴，拍拍我的肩膀说：“根友，机会来了，来了就要抓住，不要放弃。好好干，我们等你的好消息。”“谢谢老板。”

等我再次回到胡记者身边的时候，他笑着对我说：“报纸上的这些字是你写的吧，写得很不错哦。”我立即红了脸。

在前往我住处的路上，我们边走边聊。通过聊天，我了解到他是浙江大学刚毕业一年的研究生，在永嘉报社工作。我不禁对他的成功羡慕不已，而胡记者却没有丝毫的傲慢，反而对我这个连初中都没有毕业的同龄人赞赏有加。

其实我是很怕带胡记者去我住的地方的，原来我住在老板家，但是为了练字的时候不影响他们休息，所以我每月花80元在附近租了个房间，晚上睡早睡晚就不会影响别人了。我住的房子在一栋民房的二层，昏暗的楼梯要小心翼翼地往上摸着才能上去，这对我来说已经习惯了，但是对于没有来过的人还是有点困难的。

到了住处，我有些不好意思，对记者说：“很抱歉，我住的地方太简陋了，让你见笑了。”

“没有，我反而觉得你更了不起了，住这种地方，还这么刻苦，真是难为你了。”

“哪里哪里，我们农村人也就是能吃苦，比起高学历高收入的你们记者来说，吃苦实在算不了什么。”

“你这么说就不对了，”他显得有些严肃，“学历高只能代表学习好，而学习好并不能代表能力强。现在很多学生都是高分低能。我平时也做家教，在我带过的几个学生中，有几个是班级前三名，但却连起码的家务劳动都不会做。不要以为我们是高校出来的，你就自惭形秽，其实，在很多方面，你是我的老师，你比我更加了不起。就说眼前这个环境，说实话，如果换作是我，我肯定不会为了自己的爱好这么努力。”

这虽然不是我第一次被人夸奖，但却是第一次说到我心坎里的赞美和肯定。我因为自己的学历太低，始终存在自卑心理，每当看到大学生或者大学校门里出来的人，内心就充满了羡慕之情。我甚至为此埋怨过父母，埋怨过自己的命运。

研好墨，我铺好白纸，然后对胡记者说：“可以了，我现在开始写了，你说几个字我来写吧。”

“不用了，你觉得哪几个字写得比较顺手，就写出来，我带来了相机，拍几张照片放到报纸上去。”

我一听，正合我意，于是将前晚练习的“出人头地”

写了下来。

以前是我写字，最多是同事老板在看，而现在是记者在看，尤其是这几个字要被登上报纸，所以在写这几个字的时候，我有些紧张，手有些颤抖，呼吸也有些急促，总感觉面前坐了好多观众在看我表演。

胡记者看出了我的紧张，安慰我说：“别紧张，一紧张，你十成的水平表现出来就成了五成了。”我点点头。

“先喝点水，我和许多像你这种有特殊本领的人接触过，他们和你一样，一看到我这个记者，就有些紧张。放松点，喝点水。”

我喝了点水，平静了一会儿，又和他聊了一会儿天，整理好情绪后，看着那熟悉得不能再熟悉的白纸，我一气呵成，双手左右开弓，同时写出了“出人头地”四个字。

写完后，我自己欣赏了一番，觉得与平时写的一样，我内心很清楚：自己的功夫都表现出来了。胡记者走过来，看了一下，说：“好，好，不愧是奇人啊！”我连忙谦虚了几句。后来，他又让我写了另外几个字，如奥运、立志等。

“真是难得啊，以前我见过几个写空心字的，但是能写得这么好的，尤其是能够左右开弓的，还真是头一次见。我估计读者也是第一次见，我一定得多拍几张。”说着，他拿出了照相机，从专业的角度，拍了几张照片。拍完后，由于还要手写文章，他又拿出笔记本，开始了对我的现场采访，第一次接受采访的我感觉自己要飘到天上了。那天晚上，他对我刨根问底，而我对他则是知无不言、言无不尽。

11.初获认可

那一夜，我极度兴奋，一夜未眠。

第二天，我很早就来到了店里，看到桌子上放着新一期的报纸，赶紧拿起来看，想看看有没有关于我的报道。当我翻到第四版的时候，一个大大的标题映入眼帘：叶根友两手同写空心字！我拿起报纸仔细阅读，这是我的名字第一次出现在报纸上，也是我第一次实现小时候的梦想，我的泪水再一次流了下来。

当天，那张报纸被店里的老板、同事还有隔壁店的老板等争相传阅。我的心一直跳得厉害，甭提有多高兴了，亲自下厨炒菜，而且炒得特别有劲。同事们也纷纷向我祝贺。

那天的报纸，我收藏了起来，虽然由于某些原因现在已经找不到了，但是报纸上的最后一句话我至今记忆深刻：叶根友想在书法领域取得进一步的发展！

正是这句话，让我一步一步地在书法领域走下去，也正是这句话，一直在我的脑海里回荡，当时那位记者胡祖的那篇报道影响了我一生的事业发展。

自从我登报后，饭店就挂起了我的毛笔空心字，作为招牌。很多客人都是为了看我的字才来这里吃饭的，饭店生意竟然提升了两三成。而老板也大方地将大厅的电灯换成了白炽灯，让我更好地练习书法。一天晚上，我们几个同事在大厅里聊天，大家纷纷围在我四周，看我是如何写毛笔字。

由于报纸的宣传，加上周围朋友的夸奖，我这个被别人无视惯了的人不禁有些飘飘然起来。这次也如此，正当我得意洋洋，觉着自己离上电视不远之时，一个同事给我泼了一盆冷水：“用右手写字根本不算什么，用左手写字的也不是没有啊。”我有些吃惊地看着他，只见他慢条斯理地对我说："小叶，不是大哥贬低你，而是事实如此，你想想，那些残疾人难道就没有右手残疾的吗？他们就不能用左手写字吗？另外，既然你能想到用左手写字，别人就想不到？"说着，他看了我一眼，端起茶水喝了一口。

"那……那我应该怎么做？"我不得不承认，他的一席话如一桶冷水浇了下来。

"很简单啊，最近的港台剧看了吗？"他继续卖着关子。

"没有，我每天晚上就是写字。"我迷惑地看着他。

"我是每天都看，电视剧《射雕英雄传》中有个人物叫周伯通，此人武功高强。"说着他又顿了一顿。

"然后呢？"我迷惑不解，因为这和我没有什么关系。

"他有一种武功叫作左右互搏术。"

"哦！"我干脆不问他，让他自己继续说下去。

"所谓的左右互搏术就是一心二用，小叶，能用右手写字的人一大堆，会左手写字的人也不少，空心字固然难写，但并不是很难，何况现在写空心字的也有很多，如果这些人将左手也练得很好的话，你还有什么优势呢？"

我不得不佩服他，真是旁观者清。“我也在为这个犯愁，不知道如何突破，不知道往哪个方向发展。”我说的也是实在话。

这位同事又说道：“既然双手写同一个字的大有人在，那么两手同时写出不同文字的，目前为止还没有，俗话说一心不能二用，你可以吗？如果你能做到的话，你就真的是奇才了。”

这句话对我来说真的是醍醐灌顶、拨云见日。

12. 书法创新之路

自从登上《永嘉报》后，很多人都找我签名、写字，这让我欣喜若狂，毕竟自己的努力得到了回报，自己的价值得到了体现。然而，我两点一线的日常生活也被彻底打乱。很多饭店，甚至书法协会都向我发出邀请，要么去上班，要么去表演。而饭店老板却说什么也不让我走，毕竟，有我在，饭店的生意好得很。老板对我特别关照，我几乎什么都不用做，每天写几个字，往店里一挂，就有很多人慕名而来吃饭。

一天晚上，我在认真练习书法，同事们都去看电视了，过了一会儿，听见他们的一片叫好声：“好！”“厉害啊！”“你看看人家，真是绝活啊。”这时，有个同事叫我：“小叶，过来看电视啊，太精彩了。”我没有理他，继续低头写字。哪知道，这个同事，却跑过来，边跑边说：“根友，过来，过来，你看看人家怎么表演的！”“你去看吧，我没有时间。”“待会儿写，你看看人家，也是写字的。”我刚想挣脱他，听他这么一说，我立即跑过去看电视。我知道，凡是能够上电视的，都是高手，而这位却是上电视进行书法表演的。看来，他不仅仅是同行，还是高手。想到这里，我赶紧凝神观看，果然，此人不可小觑，用嘴巴含着笔写字。看着他的表演，我忍不住倒吸一口冷气，真的是学无止境啊。电视上这个人用嘴巴含着毛笔写字，写出来的字一个个形神兼备、浑然天成、遒劲有力。感慨之余，我想自己能不能增加难度呢？然而，思索了好一阵子，也没有想出个所以然来。只好不再去想，默默地回去继续练习。

第二天中午，我利用休息时间在外面散步的时候，无意中看到有一群人围在路边形成一个圈子，好奇心驱使我凑了过去。还没等我走近，我就听到有人说："瞧瞧人家，写的多好！"出于对书法的敏感，我加快几步挤进人群，原来是一个乞讨者趴在地上，用脏兮兮的脚趾夹住粉笔在写字，只见他一笔一画写得很慢，但却很稳，是那种胸有成竹后才下笔的状态。我突然灵机一动："昨天晚上，那个表演师傅可以用嘴巴写字，而这位乞讨者可以用脚趾写字。那我为什么不充分运用自己的条件呢？我可以两只手分别拿两支笔，这样，左右共四支，嘴巴里再一支，一共五支笔。五支笔同时写，对，就这样！"

说行动就行动，我立即跑到经常去买毛笔的超市，多买了几支毛笔，然后回到店里试着练习起来。饭店是轮休制，当天下午没有我的任务，我可以专心练习书法。我先练单手握双笔，还是口含毛笔呢？还是先练口含毛笔吧。

我将宣纸铺好后，将蘸好墨汁的毛笔的一端放进嘴里，用牙齿咬着，开始低头写字。或许是练字时间较长的原因，我第一个字写出来居然有模有样，然而，刚写到一半的时候，我的口水就沿着笔杆流了下来，滴到了纸上，立即将写好的字上的墨汁洇开了。我连忙将笔放下，心想，原来用嘴巴写字真的挺难啊，我还没有写完，口水就流出来了，看来我还得接着练习。想到这里，我没有写字，而是含着笔，低着头，思考写字的时候如何防止口水流下来。我不断地搅动牙齿，一会儿将笔杆移到嘴角，一会儿将笔杆咬住后紧紧抿住嘴巴，却始终不得要领。

过了一会儿，我的脖颈有些酸痛，牙齿有些麻木，嘴巴更是发干，只好休息一会儿。哪知道这个过程让一个同事看到了，在我收拾用具的时候，他笑着对我说："小叶，是不是饿了，那也用不着啃毛笔啊。看来这毛笔啊，名副其实成了你'吃饭的家伙'，哈哈。"

我笑了笑，没说什么。

到了晚上，我再次试着练习，却仍然不得要领，口水照流不误。一晚上下来，我终于摸索出来一点窍门，能够含着笔，而不流口水了。写字不难，只要一笔一画地写，终究能写出来，但是写出来并不等于写得好，所以还是得从基础练起。就这样，我又开始了新的磨炼……

几个月下来，我的“口技”有了长足进步，可以当众演出了。但付出的代价是浑身酸痛，尤其是颈椎和嘴巴，根本没有力气说话、吃饭，舌头干涩得没有一点知觉，牙齿都有些松动。尽管如此，我内心还是很欣慰，毕竟自己又向成功迈进了一步。我现在已经可以做到三笔同书了，接下来就是五笔同书。

如何单手握双笔写字呢？这个问题难住了我，平时写字，我都是一只手握一支笔，现在是一只手握两支笔，而要写成字，最起码不能让两支笔“打架”。而且一心两用，手指之间的配合必须分成两部分。我顿时感觉太难了，但为了突破技术上的瓶颈，再困难我也得尝试。

我先调整单手握双笔的姿势，让两支笔各司其职而不至于相互“打架”，或是一支笔停下等另一支。

同事见我张牙舞爪，虽然不知道我又在练习什么，但他们都知道我在认真练习，都不敢打扰我。

时间在这种枯燥但充实、平淡、安稳的生活中流逝，几个月后，我终于能够双手同时写字了。当我看着第一次写好的字时，那种感觉真的美妙极了。如同运动员站在了奥运会最高领奖台上，不仅仅是为自己获得的成就而高兴，更是因自己的付出有了回报而感到幸福。

为了让这种技能及时巩固，我连续不断地写，虽然弓着腰，身子有些酸痛，但我还是咬牙坚持住了。一直等到汗水掉落到纸上，才停下来。当我直起腰后，感觉一阵酸痛，眼睛有些发花，头有些发晕，差点倒下去。

当天晚上，我一夜没有睡，不仅是因为兴奋，更是因为全身酸痛。

终于到了那一天——2001 年 10 月 27 日，我双手执四支笔、口中含一支笔，配合好后，我平息了一下情绪，弯腰、落笔、摇头、手动，一气呵成写下了五个字，简直和单手写字一模一样，用时不到 40 秒。

当老板和同事围着我鼓掌祝贺的时候，我知道自己走过这么多的路，终于看到成功的曙光了。我终于打破了“生下来是农民，就注定了一辈子是农民”的命运魔咒。

望着写好的五个大字，我眼睛里充满了泪水，这是喜悦的泪，是释放委屈的泪，是奔向新生命的泪。

在路上

2002年6月24日，我受邀到建设银行举办的五周年庆典活动现场进行书法表演，主办方的工作人员看到我后，向我介绍了活动流程以及我上场的时间。

在众人的掌声中，我有条不紊地打开箱子，开始了我的书法表演，“建设现代生活”几个字一气呵成。接着我又写了一幅近100字的《赤壁怀古》，两位主持人面对台下的观众展开卷轴，霎那间，台下一片欢呼，掌声雷鸣。

当我走下舞台的时候，不少观众纷纷找我签名并合照，我第一次体会到了众星捧月的感觉。

活动结束后，工作人员拿出500元递给我作为报酬。回家的路上，我望着天空，第一次感觉生活如此美好，对未来更是充满了信心！

“一分耕耘、一分收获”，在前进的道路上，我一路挥洒着汗水，一路收获着成功的果实：

2002年10月，我在一张80厘米宽、100多米长的纸上连续书写了17小时13分钟，写下了7659个“连笔空心字”，创下了“连笔空心字”的吉尼斯世界纪录。

在温州的龙港外滩，我实现了从一无所有的追梦者到“知名书法家”的蜕变，那是我人生中的高光时刻。

我也知道，这只是我人生中下一个场次的开始，未来等待我的还有更多的挑战和机遇。

2002年10月，温州龙港“中国电视吉尼斯”活动现场

“那一天，我不得已上路，为不安分的心……”每当我听到刘欢演唱的《在路上》，这首歌的时候，都有落泪的冲动。记得中央电视台《赢在中国》节目中有位参赛者在分组比赛时，根据节目组的设计，需要他哭出来，然而，这位带领企业披荆斩棘的硬汉却始终哭不出来。此时，耳旁响起了组员所唱的歌曲《在路上》，他的眼泪一下子就开始止不住地往下流。

在我的书法生涯中，我经历了无数的挑战与困难。有时候，我也会感到迷茫和疲惫，但每当我想到那些支持我的人，想到我对书法的热爱时，我就会重新振作起来。我深信，只有不断地学习和进步，才能在这条艺术之路上走得更远。正如那首《在路上》，每个人的生命之旅都充满了未知和挑战，但正是这些经历，塑造了我们的个性，让我们成为坚韧不拔的人。

在书法实践中，我始终坚持探索和创新的精神。我尝试将传统书法与现代艺术相结合，创作出独特风格的作品。我相信，艺术是无界限的，只有不断地突破自我，才能达到新的高度。通过这本书，我希望能够激励更多的人，让他们相信自己的潜力，勇于追求自己的梦想。

通过我的故事，我希望能够传达给每一位读者：无论您身处何地，无论您的梦想是什么，只要持之以恒，勇往直前，总有一天，您也能像我一样，出人头地，实现自己的梦想。

13. 天道酬勤

2004年3月，西安某公司组织了一场“百对新人西安古城墙集体婚礼”的活动，我得知后联系了活动的主办方，对方很热情，我把自己的情况告知对方，并希望获得与他们合作的机会，我提出可以为每对新人免费设计一套签名。

接电话的先生姓孙，他听完我的想法之后，让我马上到他们公司面谈。我们一见如故，谈得很顺利。

就这样，我认识了孙黎明先生。

与孙先生的进一步合作，是他把我的书法绝技带上商业演出的舞台，他也因此成了我的经纪人，帮我寻找商演机会，洽谈演出事宜，那时的我，把自己的事业发展都交到了他手上。

2005年，张学友先生在西安举办《雪狼湖》演唱会，我得知消息后，萌生了为他创作书法作品的想法。我与孙大哥商量后，决定用连笔空心字书写剧情介绍和所有歌词。经过半个月的努力，作品完成，只待演唱会的到来。

通过孙大哥的人脉，我们联系到主办方，负责人答应在演唱会当天给我们门票，并安排我与张学友合影。然而，主办方并未履行承诺，甚至在我要求退还作品时发生了冲突。

第二天，我遇到了张学友先生的经纪人陈淑芬女士，向她解释了前一晚的遭遇。她震惊之余，立即安排我与张学友先生见面并合影。张学友对我的书法作品赞赏有加，并希望我未来能再次为他创作。

这段经历加深了我与孙大哥的友谊，尽管后来我们因事业发展而分开，但友情依旧。

错字风波

在一次瑞安阳光假日文化公司举办的书法交流活动中，我受邀展示两项书法特技：连笔空心字和五笔同书。交流活动内容丰富，既有歌舞表演，也有静态的书法艺术展示，两者交替进行，为观众带来了一场视听盛宴。

在摇滚乐掀起的高潮之后，我登台进行书法表演。面对众多观众和书法爱好者，我感到既紧张又兴奋。主持人笑天歌在台上对我进行了简短的采访，让我有机会向观众介绍我的书法技艺。随后，我开始了表演，尽管心中有些忐忑，但我还是全神贯注地投入到书法创作的世界中。

我首先写下了“天道酬勤”四个大字，这不仅是给观众的礼物，也是对自己的一种鼓励。接着，我展示了我的五笔同书技艺，用双手和嘴同时书写“男儿当自强”。尽管书写过程中有些笔画不尽完美，但整体效果却有着独特的力量和美感。

最后，我与观众进行了互动，根据他们的要求现场书写“连笔空心字”。然而，在写“同仇敌忾”时，我不慎将“忾”字写错。尽管现场有些尴尬，但主持人机智地化解了局面，将这幅作品以高价拍卖给了观众，反而成为一件珍贵的错版收藏品。

时至今日，我时常还会想起这个错字，它让我深刻意识到学习知识的重要性，并提醒我在未来的表演中更加小心谨慎。我一直希望能够收回这幅作品，以免它成为别人嘲笑的对象。如果有知情者或收藏者请联系我，我愿意以更高的价格回购，并附上我的新作作为感谢。这幅作品虽然有瑕疵，但它也是我成长历程中的一个宝贵教训。

筑梦笔记

“生命不息，奋斗不止。在这漫长而又短暂的人生旅途中，让我们带着梦想和热情，勇敢地走在自己的路上，无论前方是风雨还是阳光。”

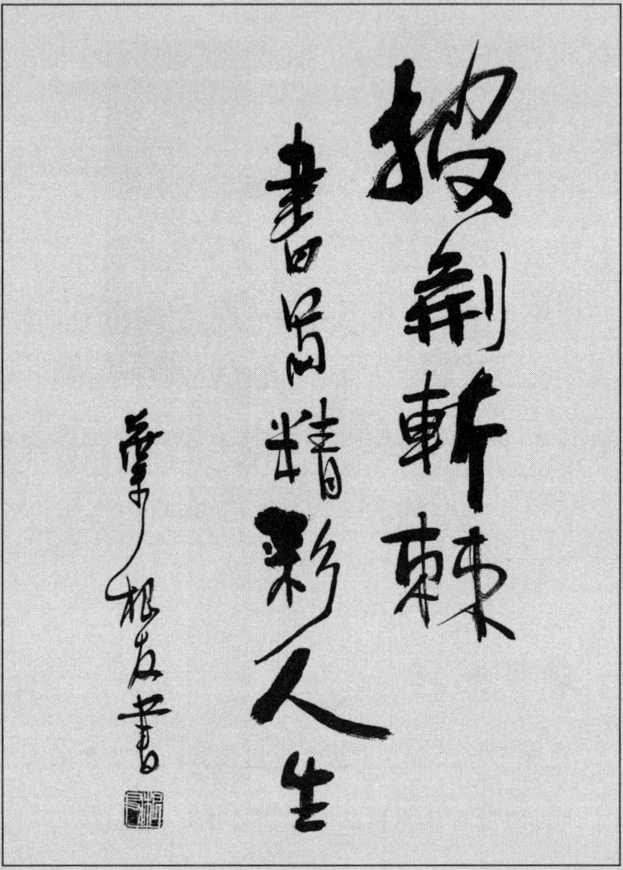
披荆斩棘
书写精彩人生
廖根友书

第三章

书法艺术创新与突破（2005—2024 年）

14. 书写华章

我的艺术信念

自从踏入书法领域起，我便致力于将书法艺术推广到更广泛的群体中，让更多人通过书法作品体会到特定事物的独特价值。我坚信书法不仅是一种艺术形式，更是传递情感与思想的桥梁。

2005年，得知连战先生将访问西安，作为一名爱国公民，我内心涌现出强烈的情感。我开始思考，作为一名普通人，该如何表达我的愿望。最终，我决定利用我的专长——书法，表达自己的心声。

“家和万事兴”这五个字精辟地概括了我想表达的心声——家庭和睦，事业才能兴旺；国家和平，国运才能昌盛。我选择用我最擅长的连笔空心字来书写这五个字，寓意两岸人民心连心，同属于一个中国。这是我的心愿，也是我想通过这幅作品传达的情感。

在创作过程中，我将对和平、和谐和团结的渴望融入每一笔、每一画。这幅作品不仅是艺术创作，更是我对两岸统一的深切期盼。

作品完成后，我将它赠送给了连战先生。连战先生接过作品时的惊喜和感动让我明白，他理解了我的心意，感受到了我对两岸一家亲的渴望。

这幅作品是我艺术生涯中的重要篇章，我希望通过它，向世界传播家和万事兴的理念，传递两岸一家亲的深情。

我始终相信，家和万事兴不仅适用于家庭，也适用于国家。愿每个家庭和国家都能在和平、团结和和谐中繁荣发展。期待我的作品能启发更多人理解家和万事兴的深远含义。

以笔为梦，我希望通过我的作品，让更多人领略书法之美，感受家和万事兴的力量。我愿用我的笔，绘出更多和平、团结和和谐的华章。

筑梦笔记

每一幅书法作品，都源于一个深深的信念。我用我的笔，书写了我的信念和梦想。我的故事告诉你，只要我们有信念，有梦想，我们就能创造出触动人心的作品。

让我们一起，用我们的笔，书写我们的信念，书写我们的梦想。

因为，只有信念和梦想，才能让我们的生活充满意义和价值。

艺术签名

在2005年5月的西安街头，我专注于艺术签名设计的工作，得知我仰慕的歌星刘德华先生即将来西安开演唱会，我心生一念——为何不为刘德华先生设计签名？我决定创作1000款“刘德华”的签名，其中999款由我设计，最后一款留给他亲自设计。

我立刻动手，准备宣纸，开始构思999款签名。由于当时对长卷宣纸不熟悉，我用单张宣纸拼接，并手工绘制方格，虽然不够完美，但融入了我深厚的情感。

我从汉字的归类出发，设计了运动型、花鸟型、手书型，以及音乐和其他符号标志型四个类别，每个类别约250款签名。经过一周的努力，一幅15米长的签名长卷终于完成。接下来，我开始思考如何将这份心意送给刘德华。

我联系了《三秦都市报》，他们对我的计划很感兴趣，并决定进行报道。在演唱会前夕的新闻发布会上，记者第五铁锋将这份长卷交到了刘德华先生手中，他看到这份作品后非常感动，连声道谢。

第二天，多家媒体报道了这一事件，我设计的签名长卷和刘德华手持长卷的照片成了社会新闻焦点。这份作品让我有了与偶像接触的机会，成为我难忘的生活经历和热爱艺术的作品。

2005 年，刘德华先生在叶根友先生为其设计的
艺术签名长卷上签名

15. 艺境绝韵，五笔同书

艺境绝韵

2007年，我有幸受邀参加了中国香港地区电台新春团拜会，那是一个让人心驰神往的文化盛会。那个晚上，我表演了自己独特的书法绝技——“五笔同书”，在观众面前展现了我与众不同的艺术才华。

我站在舞台上，双手握五支毛笔，灯光映射在我的身上，创造出一种神秘而又优雅的氛围。我开始了表演，一笔、一画从我手中流畅而出，仿佛一幅幅生动的画卷在纸上徐徐展开。我专注而认真地书写着，一笔一画都是我内心情感和艺术灵感的流露。

在台上，我书写了一幅名为《传媒新气象》的作品。这幅作品不仅展现了我独特的书法风格，更传达了我对传媒行业发展的理解和展望。

2005 年，为香港电台新春团拜活动题字的相关报道

表演结束后，观众起身鼓掌致意，他们被我的表演所感动，被我独特的书法技艺所折服。观众的赞美之声如泉水般流淌，让我深受鼓舞。我以书法为媒介，传达出的思

想和情感触动了观众们心灵深处。

在这个夜晚，我感受到了观众对艺术的热情和热爱，也让我更加深刻地感受了艺术的力量和魅力。

我用书法，传递了我的思想和情感，也唤起了人们对这中华传统艺术形式的热爱和认同。

在这场难忘的新春团拜会上，我的表演成为当晚的一大亮点，也让我更加坚定了继续在艺术道路上探索前行的决心。

烈焰重生

2008年的一个夏日，我来到了雁溪乡梅坞村，那里正在举办纪念王羲之诞辰1 705周年的活动，这个活动是由我发起的，也是我事业道路上一个不容忽视的转折点。我带着百余幅书法作品，以及对过去的反思，做出了一个沉重的决定。

这百余幅作品，全部写于2006年之前，我对它们的艺术水准不太满意。为了不让这些作品沦为凡尘，我决定在这场纪念活动中焚毁它们。

这并非轻率之举，而是对自己的重新审视，是对更高境界的渴望，是对未来更上一层楼的宣誓。

当落日余晖洒在离景宁县城50多公里外的梅坞村时，我才知晓何为“沸腾”。村民们热切地参与到这场纪念活动中，整个村庄都被爱心与书法的光芒所洗礼。这次活动的主题为“古有书圣羲之会稽山下赋神篇，当代墨客根友梅坞东岸祭兰亭”。活动中，我展示了百余幅书法作品，这些作品承载着我对艺术的痴爱，对创新的渴求。

我用心和笔创作的长达十米的连笔空心体《兰亭序》，是在向书法圣人致敬，也是在向自己强调创作的坚定信念。

活动最后，我点燃了一根蜡烛，发起了一场无声的个人作品销毁仪式。百余幅书法作品与《兰亭序》在烈火中缓缓燃尽，仿佛在诉说着我对王羲之的敬意和怀念。这不仅是一场仪式，更是我内心对更纯熟、更优秀作品的盼望，对未来艺术之路的一次祈愿。

王羲之的《兰亭序》，是我心中永远的宝藏，激励我创作更优秀的作品，也激励我想让更多人领略书法之美。通过这次活动，我希望勾勒出一幅让村民深切感受书法魅力的画卷，激励他们的创新和探索精神，让书法之美成为我们共同的信仰和追求。

这并非只是一场简单的仪式，而是一次对自我的挑战，表达了我振翅飞翔的勇气与决心。因为我深信，唯有将过往的羁绊烧尽，才能带来真正的重生和超越。我犹如火中凤凰，注定要在烈焰中重生，散发出更璀璨的光芒。

每一次回看过往的作品，我心中总会充满迷茫与挣扎。在我眼中，曾经的作品宛如斑驳的泥砖，记录了我一路上跌跌撞撞的成长。我不敢直视它们，内心深处总埋藏着对自我能力的质疑与焦虑。这些作品，仿若时间的镜像，显现出"不堪入目"的残缺，让我深陷自我怀疑之境。

很多村民议论纷纷，这么好的作品，为什么烧掉啊，送给我好了啊，听到现场很多围观的群众都这么说，我说："我自己不满意的作品，是不会送给别人的。"

当那些作品缓缓融入烈火，化作飞舞的灰烬时，我的心境也在熊熊烈焰中得到一种超脱与升华。它们不再是沉重的包袱，而是转瞬即逝的美丽留痕，因为它们的消失并非末日，而是新的开始。

在仪式结束的瞬间，我感受到一种释然和解脱。这并非对过去的否定，而是对未来的期许。每一片燃烧殆尽的痕迹，都在我的心中埋下新的种子，愿它们在岁月中茁壮成长，绽放出属于我的独特花朵。

16. 个人字库，一飞冲天

初中一年级的时候，我对字库的概念还一无所知。一次，我到班主任童小平老师的办公室请教作业问题，看到他正在电脑上编辑文章，挑选标题字体。我好奇地问：“童老师，舒体是什么意思？”他回答说：“这是我国著名书法家舒同先生的字体，被字体厂商制作成了电脑字库。”那一刻，我心中萌生了一个念头：如果我的书法作品也能被制成字库，那将是多么荣耀的事情。虽然这只是瞬间的一个想法，但它却深深印在了我的心里。

电脑字库的念头一直萦绕在我的脑海中。我渴望将自己的书法作品转换成电子版字库。2006年，我开始在网络上寻找制作字库的方法，但始终没有找到有效信息。直到有一天，我在论坛上偶然发现了一个关于如何制作个人字库的帖子。我立刻点击进入，仔细阅读。文章中提到，制作字库是一项复杂的工程，需要书写6763个汉字，且书写时必须遵循一定的格式。文章最后，设计师留下了他的联系方式，我立即联系了这位名叫禚效锋的设计师。他说可以帮我制作字库，但需要收费，至少两万元，他还解释说，制作字库非常复杂，需要花费很长时间。我表示理解，并接受了这个价格。

在与禚效锋老师的交流中，我表达了自己的愿望和想法。我告诉他，我想将自己的空心字制作成字库，因为空心字是我的特色。尽管我后来意识到，空心字字库的应用并不广泛，市场需求也相对有限，但这也算实现了自己的一个心愿。

禚效锋老师在寄给我字稿原稿的同时，还赠送了我一幅他亲笔书写的空心字作品《笔走游龙》。我想他可能是想用同样的方式回赠，以示共鸣。这幅作品对我来说意义非凡，我打算将其装裱起来，挂在家里的墙上，作为一份珍贵的纪念。

禚老师要求我将每个字都写在规定的方框内。我第一次尝试，由于缺乏经验，使用的笔尖较细，且书写过程中更换了不同颜色的笔，有时用蓝色墨水笔，有时用黑色墨水笔。后来我才了解到，制作字库的关键在于书写规范、笔画清晰以及统一使用黑色墨水笔。

当时，我在全国各大城市进行书法表演，并在业余时间管理自己的中华签名网站。这叠A4字稿跟随我走遍了各大城市，最终在镇江，我完成了空心字的书写。虽然这些字可能并不完美，但它们是我饱含情感，一笔一画完成的作品，后来被网友亲切地称为“带着体温的手写体”。

经过五个多月的等待，字库终于完成了。由于最初的笔迹不统一，一些字的效果并不理想。经过反复修正后，2007年7月1日，我在中华签名网论坛发布了这款字库。那一刻，我的心情无比激动，毕竟这是我的第一款字库。当我在电脑上安装好这款字体，并通过Word软件打出空心字时，我的兴奋之情溢于言表。我感觉自己儿时的梦想终于成真了。尽管这个字库的质量不算太高，但它满足了我在电脑上应用自己书法字体的愿望，这对我后来进入字库行业起到了关键作用。事实也确实如此，如果没有这款字库，也就不会有我后续的字库作品了。

这款字库，虽然在技术上不够完美，但它承载着我的汗水、情感和梦想。它不仅是我书法旅程的一个里程碑，也是连接我与数字世界的桥梁。每一个字，都像是我与世界对话的窗口，让我的书法艺术得以在数字时代焕发新生。

自从**2007**年推出首款个人字库以来，我便开始了在书法艺术领域的创新之路。这一路走来，我不断探索，不断尝试，希望能够为书法艺术的发展开辟出一片新天地。

叶根友毛笔行书字体、叶根友刀锋黑草、叶根友钢笔行书、叶根友特色简体……这些字体作品凝聚了我对书法艺术的独到见解与创新探索。每一款个人字库字体都蕴含了我的艺术特色，呈现出独一无二的书法魅力。它们不仅赢得了用户的广泛赞誉，还为用户提供了耳目一新的字体呈现体验，因此备受青睐。

在探索书法艺术的过程中，我深刻体会到了这门艺术的吸引力和活力。书法不只是艺术的展现，它更是文化传承与沟通的桥梁。每一笔每一画都承载着丰富的文化意蕴和艺术价值。我期望通过我的创新实践，引导更多的人走近书法、爱上书法，推动这门古老艺术在当代社会的传播与繁荣。

书法不仅是我一生的最热爱的事业，更是我不断追求的人生目标。我将持续致力于此，借助创新和不懈的努力，为推动书法艺术的繁荣发展贡献自己的力量。我坚信，只要有越来越多的人携手并进，书法艺术的前景必将更加辉煌。

展望将来，我将在书法艺术的征途上不断求索、不断创造。我坚信，只要我们用心灵去体验、用情感去创作，书法艺术便会焕发无穷的魅力与活力。我希望自己的作品能够为书法艺术的未来发展贡献一份力量。

筑梦笔记

就像马云说的，梦想总要有，万一实现了呢？

的确，如果没有我初一时那瞬间的念头，就不会有这款空心字库，这款字库改变了我的命运，是我人生的敲门砖。

17. 用墨色温暖人心

2008年12月，在湖北武汉的蓝天剧院内，我举办了一场别开生面的书法公益拍卖活动。当日，不少慈善家和书法爱好者齐聚一堂，期待见证我书法艺术作品被拍卖的那一刻。

我精心准备的书法作品一一亮相，如春日的花朵，散发着深情与温暖。墨香弥漫的拍卖现场，不仅有人们对书法艺术的赞叹声，更有大家对需要帮助的弱势群体的关怀与祝福。

最终，这场慈善拍卖会圆满结束，每件作品都以拍卖价售出。在这一时刻，我的书法作品不再只是艺术的展现，而是一种心灵的呼应，每一处笔墨都蕴含着深情与温度，每一处细节都闪烁着希望之光。

在这个特殊的拍卖之夜，我以书法传递着责任与关怀，用心灵的触动搭建起爱心的桥梁。愿我的信念与慷慨流转，愿每一次的拍卖活动都让爱心之火在我们心中持续燃烧，为这个世界带来更多的温暖与美好。

公益爱心的传播如书法中的每一处笔墨，都承载着美好和希望，我们每一个善举都能为社会留下一道爱的痕迹。让我们共同携手，将爱心传递下去，让世界充满温暖与美好，让每一个心灵都能感受到爱的力量，无论时光如何变迁，爱心永远是最耀眼的光芒。

笔下风采

2009 年 4 月 1 日，我在宁波参与书法交流活动时，《中国旅游报》的总编辑和法务找到了我。他们称赞我笔下的风采，字体富有活力与张力，风格别具一格，这份肯定如同一场春雨滋润着我的心田，令我备感荣幸。

当他们向我发出为《中国旅游报》书写报头的邀请时，我感到无比兴奋。回想起钱其琛总理曾题写的报头，我深深感受到这一次邀请的特殊意义和沉甸甸的使命。

挥毫间，我化繁为简，为《中国旅游报》书写了近20幅书法作品，每一笔每一画都是心境的流露，内心的澎湃如江水般汇聚，而当《中国旅游报》的总编辑选择了其中一幅作品时，我激动的心情溢于言表。

我以笔为舟，激情与责任并重，全心投入书法的世界。每一滴墨水的挥洒，都是对理想的追寻，对信仰的坚持，空白之处蕴含着我的深思，勾勒出一幅幅别具一格的画面。在未来的征途上，我将继续保持这份热忱，谱写新的篇章，唱响梦想之歌。

乾坤虎韵

2010年，南京明故宫也成为我书法艺术的展示舞台，我以独树一帜的笔触和自如的书法技艺，向公众展示了我的个人作品。其中，我创作的“虎”字作品成为展览的焦点，吸引了众人目光。

清晨的阳光洒在历史悠久的明故宫上，而我心中却非常紧张。面对即将开始的表演，我发现手中的巨型毛笔难以在布面上自如书写。时间紧迫，只剩半小时，我必须找到解决方案。灵机一动，我决定用喷壶代替传统毛笔，在布上创作“虎”字。

在寻找喷壶的过程中，我急中生智，拦下出租车在清晨的南京街头四处寻找，最终在一家花鸟市场找到了需要的喷壶。虽然店主起初不愿出售，但在我迫切的请求下，他最终同意借给我，解决了我的燃眉之急。

这次经历仿佛是命运的安排，让我在绝境中找到了灵感。生活中的美好往往在最困难的时刻显现，激发出我们意想不到的创意。

在展览现场，我如同舞者一般在布上舞动，每一滴墨水都精准地落在它应该在的位置，形成了充满力量与美感的“虎”字。我的动作如同舞蹈，将我对书法艺术的热爱和坚持融入每一个笔画。

当“虎”字完成时，观众们惊叹不已，展示效果出乎所有人的意料。那个清晨，我仿佛与虎字一同舞动，将生命的活力和灵魂的自由展现无遗。这一幕深深地印在了观众的心中，成为了一段让他们难忘的记忆。

这不仅是一次书法表演，更是我内心深处对艺术的渴望和对未来的向往的表达。它表达了我的艺术创造和美学追求，展现了我在书法领域的天赋和才华。

岁月流转，我在书法的道路上不断前行，每一刻都充满了诗意。我在书法的世界里遨游，体验智慧与奥秘，感受美与力量。我总在默默祝愿书法之旅越走越远，笔尖永远闪耀艺术光芒，书写不朽传奇。

2008 年，在南京明故宫公园，为虎年主题书法展题字

无锡书法展

2014年，我在无锡凯莱国际酒店举办了首场个人书法展，这是我个人第一次正式的书法展览活动，我的内心充满了喜悦和激动。

这次展览由我的无锡好友谈锋先生一手操办，共展出200余幅作品，不仅有长卷、条幅等形式的书法作品，还特别展出了一幅手抄“金刚经”的小楷作品，展现了我对书法艺术的深沉热爱。

这次书法展的圆满成功离不开谈锋先生的倾力协助以及朋友们的热情支持。通过这次书法展，我获得了与观众亲密交流的宝贵体验。每一次与观众的互动，都让我更加深刻地感受到书法艺术的传承与力量，也让我更加坚定了对书法艺术的热爱与执着。

未来，我将继续努力提升自己的书法技艺，不断探索创新，传承发扬优秀的书法艺术传统。感恩谈锋先生和朋友们在此次书法展中的支持与帮助，他们的付出让我深刻体会到友谊的珍贵与无私。未来的路上，我将怀揣着热爱和感恩，继续前行，用心书写属于自己的书法之路。

18. 数字时代的书法创新

刀锋黑草是我最为满意的一款字体，使用率也比较高。这套字体的灵感源自网络上一张侠客的照片——斗笠、长刀，那种江湖侠客的豪迈与刀锋的锐利，深深触动了我。

这款字体的书写是在郑州完成的，我每天清晨5点起床，直到夜幕降临，除了必要的用餐时间，我几乎将所有清醒的时间都投入字稿的书写中。那时，我夜晚处理工作，白天成了我创作的最佳时机。与那些夜场工作者不同，他们白天休息，而我则在书写中度过。我感谢那时的自己，因为那份工作让我能在白天高效产出多种风格的字稿。如今已然是不可能的事情。

字体创作是一项孤独而需要极大耐心和毅力的工作。通常，完成6763个字的字稿，快则两个月，慢则遥遥无期。有时，即便我已经写好了2000个字，但也会因枯燥乏味而最终放弃。刀锋黑草的创作过程也是一样，我险些就放弃了，尤其是当我写错了两页内容、搞错了顺序时，那种想要放弃的念头尤为强烈。

回忆起这套字稿的创作，过程中还有一个插曲。一次，一位书法爱好者朋友来到我的房间，他好奇地翻看我的字稿，问我为何如此认真地练习书法。我告诉他，这不是练习，而是在创作字库的字稿。他虽然不太理解，但还是称赞我的字很好看，并希望我能给他一些，让他的儿子临摹学习。

我告诉他这可不行，因为一旦拿走几张，整套字稿就需要重新规整。我正准备出门买饭，看到他还在专注地翻看字稿，我也没有催促他离开。但就在我即将关门的瞬间，我听到了一声惊呼。我回头一看，发现桌上的咖啡被他不小心碰倒，整杯咖啡都洒在了我的字稿上。那些凝结了我的汗水和心血，花费我无数个夜晚辛勤笔耕的成果，却因为这场意外而付之东流。我愣在原地，心中充满了失落。

朋友在一旁不停地道歉，我知道他不是故意的，心里虽然不免责怪，但更多的是无奈。我深吸一口气，努力让自己冷静下来，告诉他这只是个意外，我正好可以借此机会重新整理字稿。

尽管我这么说，我心里清楚，这不仅仅是简单的整理。每张字稿都需要重新书写、调整、核对，这意味着我需要投入更多的时间和精力。但我不想让朋友太过自责，也不想让他看到我因此而放弃。

朋友看着我，眼中充满了歉意和担忧："要不，我帮你重写一部分吧？虽然我不太擅长，但至少可以分担一些。"

我微笑着摇了摇头："不用了，这些字稿还得我自己来写。字稿的字体风格需要保持一致，你的风格和我的不太一样。不过，你的这份心意，我心领了。"

那天晚上，我独自坐在书桌前，翻看着那些被咖啡染黄的字稿。虽然有些心痛，但我也意识到这可能是一个机会，让我重新审视和完善这些字库。也许，这次意外能让我获得更多的灵感。

于是，我决定不再纠结于过去的失误，而是把这次重写看作一个新的开始。我开始规划如何更高效地完成这套字稿，以及该如何改进字体的细节。

几个月后，当我完成这套字稿时，我意识到这次意外不仅让我更加细致地打磨这套作品，也教会我如何更好地面对挫折和意外。朋友来看我时，我把整套字稿展示给他，他惊讶地说："比之前更好了！"

我笑着回答："是啊，多亏了那杯咖啡呢。"

数字时代的文化传承

在信息时代，字体不仅是文字的载体，更是一种文化的表达。我深知许多书法家和我一样，都有一个共同的梦想——发行一套属于自己的字库。我意识到，如果我能利用现有的技术和平台，为广大书法家提供一个新的书法载体，那将是一件非常有意义的事情。

于是，我开始筹划建立一个字体平台网站，取名为“字体家”。这个名字简洁易记，便于传播。在注册“字体家”的同时，我还注册了一个新的字库品牌——“南构字库”。之所以要取一个新的名字，是因为如果用我自己的名字来推广字库，可能会显得杂乱无章，与其他书法家的字体混淆。但如果通过创建一个新的品牌，我们可以为每位书法家的字体命名为“南构 XXX 字体”，这样既避免了混淆，也不会让其他书法家感到不舒服，引起一些不必要的困扰。

我还为此专门设计了一套商业模式：

1. 书法家可自由命名其个人字库，但前缀需要加上“南构”二字，后几个字可自由选择，例如“南构 XXX 行书 / 手写”；

2. 付费下载和商业授权的书法家可获得一定比例的分成；

3. 我们通过为书法家的字体提供免费推广宣传，包括撰写文章、制作视频等，利用我们自有的全媒体渠道为其进行推广宣传。

在“南构字库”品牌的推动下，已经有近300位艺术家从中受益，成功制作了个人字库。一些书法家甚至发布了多套字体，还有寺庙住持也推出了个人系列字体，如“南构道给行书”系列、“南构黄年虎隶书”“南构张宇星律师体”以及“南构村花手写”等。来自不同行业的人，都实现了发布个人字库的梦想。现在，只要在互联网上搜索他们的名字，就可以看到他们的字体被全国各大网站平台收录使用。

字体，作为一种独特的互联网应用软件，它不仅是信息传递的工具，更是文化传播的纽带。字体名称本身便是一种品牌传播的方式，只要用户将字库软件安装到电脑中，你的名字便会在他们的硬盘上留下印记。每多一个用户使用，便多了一份有效的传播记忆。即便时光荏苒，到了80岁，你仍可以自豪地告诉孙子：“在网络的世界里，还有我当年发布的字体！”这种跨越时空的连接，正是字体所承载的文化与情感的魅力所在。

筑梦笔记

南构字库的成功，不仅是技术与艺术的结合，更是梦想与现实的交汇。通过这个平台，已有数百位艺术家实现了他们的字库梦想。字体作为一种独特的互联网应用，将继续在数字时代中发挥重要作用。希望在未来，有更多的书法家能够通过南构字库，将他们的艺术传承给更多的人。无论何时何地，字体都将成为我们文化记忆的一部分，伴随我们走过岁月长河。

19. 中国“梦”的故事

从街头到心中的“中国梦”

2011年的一个清晨，我踏着晨光前往市场，街道两旁的喧嚣逐渐唤醒了沉睡的城市。就在这条熟悉的小路上，我的目光被一道独特的风景所吸引——那是一幅绘在街边墙上的宣传画，上面赫然写着“中国梦，我的梦”。那火红的“梦”字，实用的不正是我的刀锋黑草字体吗？我仿佛发现了一片未曾涉足的新大陆，心中涌起一股难以言喻的激动。

我凝视着那一墙的标语，每一个“梦”字都如此醒目，它们都采用了我的字体，显得格外引人注目。说起这个“梦”字，它背后承载着我无数次的书写与修改。记得有一次，字稿不慎被咖啡溅湿，我不得不重新执笔，赋予“梦”字新的生命。后来，在审阅字稿时，我对这个“梦”字和其他几个字仍感不满，于是再次提笔，让它们在我的笔下重生。

这个“梦”字，是我对书法艺术无尽追求的见证，它不仅融入了我的情感与汗水，更在这座城市的街头巷尾，传递着梦想的力量。

这个“梦”字，我以侧锋入笔，笔势轻盈上扬，如同晨曦中的露珠，闪烁着希望的光芒。左侧的“木”字，我采用行草的笔法，让它在纸上自由舞动，而右侧的“木”字则承接了左侧的笔势，一气呵成，直至顶端的“林”字，笔断而意连，如同林间的树木，相互依偎，共同生长，展现出一种和谐共生、团结互助的力量。这正是我对“中国梦”的理解和诠释——只有团结一心，方能汇聚成实现梦想的磅礴力量。而底部的“夕”字，与上方的“林”字一泻而下，如同山涧清泉，自然流畅，它在诉说着：梦想的实现，需要脚踏实地，一步一个脚印。

当我书写这个“梦”字时，并未预见到它将与“中国梦”的口号结缘，更未想到它会出现在这座城市的壁画之中。但这就是我当时对这字的创作理念：中国书法不应只是模仿古人，而应融入自己的理解和创新。每次挥毫泼墨，我都沉浸在创作的快乐之中，感受着前所未有的成就感。

站在那幅壁画前，我心中涌动着难以言喻的感动。我的字，竟成为这座城市的符号，成为无数人心中的“中国梦”的一部分。那一刻，我仿佛看到了自己与这片土地的紧密联系。

回想起创作这个“梦”字的点点滴滴，心中充满了无限的感慨。每一次的修改，每一次的重写，都是对自己的挑战和超越。正如实现梦想的旅程，需要不断的调整和努力。那次咖啡洒在字稿上的意外，我以为是不幸，却意外成为重新创作的契机。生活中，许多事情不也是这样吗？看似挫折，实则是通往新开始的转机。

我继续在街头漫步，心中默念着“中国梦，我的梦”。

这不仅是一句口号，更是一种坚定的信念。每个人的梦想，汇聚在一起，便构成了这个国家的梦想。正如我笔下的“梦”字，虽是个人之作，却融入了集体的愿景。

我加快了脚步，仿佛被一种无形的力量推动。这座城市，这个国家，还有我的梦想，都在前方等待着我去实现。此时此刻，我明白了，正是这些共同的梦想，让我们能够在这片土地上携手同行，共同创造一个更加美好的未来。

有时候，朋友们介绍我时会说：“叶根友，就是写那个‘中国梦’的‘梦’字的书法家！”虽然这样的话让我有些不自在，但我也将其视为外界对我的认可和标签。每当听到这样的介绍，我只是微笑点头，不作过多的解释。毕竟，有时候，沉默比言语更有力量。

作为一名书法艺术的探索者，能让自己的字迹遍布街头巷尾，无疑是一种无上的荣耀。我感激过去那个不懈努力的自己，正如那句话所说：“未来的你，一定会感谢现在拼命的自己！”

筑梦笔记

在绘有“中国梦”的宣传画前，我驻足凝望，心中涌动着一股难以言表的暖流。每一次笔尖与纸面的邂逅，每一次墨迹的流转与修正，都是对自我极限的挑战，是对艺术灵魂的一次次突破。在生活的长河中，那些看似令人沮丧的挫折，往往孕育着新的希望与开始。它们如同暗夜中的星辰，指引我们前行，让我们的梦想在相互的辉映中愈发璀璨。

20. 功守道之音

太极之境

2017年，应马云先生特别助理陈伟先生之邀，我参与了电影《功守道》题写片名的工作。这三个字简洁而深邃，不仅凝聚了中华文化的精深，也体现了这部影片的重大意义，给我带来了巨大的创作动力。

收到陈伟先生的信息时，我感到无比激动。马云的事业成就和电影《功守道》所蕴含的深厚文化，让我深感责任之重。于是，我急切地开始了准备工作。

我首先深入研究了《功守道》这一片名的背景和内涵。

它不仅是电影的片名，更体现了中国传统文化的精髓。太极哲学中的力量、守德、平衡和变通等智慧，都需要在我的书法创作中得到体现。

在创作过程中，我特别选择了能够体现“内柔外刚”特质的字体。一笔一画都要展现出传统文化深厚的力量，体现太极中阴阳相生相克的平衡与和谐。

最终，我提供了三种风格的“功守道”书法作品：隶书风格、行书风格和草书风格。最终，他们选择了融合了隶书与行书特色的字体，并将其应用于电影的宣传海报和其他宣发材料。

在创作中，我不断思考如何将太极文化的理念和力量融入书法，探索如何将意念与书法技巧完美结合，赋予作品更深层的内涵。

完成这个作品后，我怀着喜悦和期待将它们交给了陈伟先生。这个作品表达了我对太极文化和电影《功守道》的敬意，更表达了我对中华传统文化的热爱和尊重。

当这幅书法作品在电影中出现时，我感到无比自豪。这一切都得益于陈伟先生的支持，他不仅为我的艺术创作提供了机会，还给予了我巨大的鼓励。他的帮助令我如沐春风，使我的艺术之路更加宽广。

在书法创作中，我深刻体会到书法与内心情感的紧密联系。心境、环境和认知都融入了作品之中，使书法成为创作者情感的投射。

这次书法创作之旅让我更加领悟到书法的力量和魅力。每一笔每一画不仅展现了字形之美，更彰显了我对文化传承和精神探索的执着追求。愿我的书法作品能够准确呈现太极哲学的深意，为《功守道》这部电影增添文化底蕴和艺术光辉。

艺术共鸣：见证阿里巴巴的商业之美

在 2015 年天猫双十一狂欢节上，我参与了一场激动人心的活动。我有幸现场创作了一幅意义深远的书法作品——《让天下没有难做的生意》，这幅作品见证了阿里巴巴集团全球化战略的正式启动。

当来自全球 39 个国家的大使和马云先生在这幅作品上

签名时，我感到无比自豪。那一刻，所有的努力和坚持都得到了肯定，我的作品被赋予了荣誉和价值。

60把精致的扇子承载着这份诚意和祝福，上面印有鼓舞人心的“让天下没有难做的生意”和“天猫”等字。这些扇子不仅是礼物，更是对我国商业繁荣的美好祝愿。

马云先生在那幅作品上的签名，象征着阿里巴巴对全球商业合作的承诺和决心。他的签名不仅代表着对未来商业发展的信心，也是对我们每一位奋斗者的鼓励。每一笔每一画都充满了智慧和力量，指引我们前进的方向。

如今，这幅连笔空心签名版作品悬挂在太极禅苑内，它不仅是艺术品，更是珍贵的纪念，记录着我们的共同努力和追求，展现了对商业繁荣和众生幸福的真诚期待。

历经风雨，我深知成功来之不易，每一分努力和坚持都值得铭记。在奋斗的道路上，我们将不断实现梦想，创造自己的传奇。愿这幅作品激励我们，引领我们走向成功。

我与马云老师的合影成为我心中的宝贵记忆，感谢陈伟先生的慧眼和慷慨，他的支持让我的创作之路更具价值。我将怀着感激之心，珍视这份信任，继续努力，不负期望。

2015 年，在太极禅苑与马云先生合影

21. 艺术之光

南构字库的璀璨传承

南构字库的出现并非偶然，而是源于品牌创始人对书法艺术深切的热爱和对传统文化的坚守。这个品牌的初衷是为书法家们提供独具匠心的字库，这些字体不仅是对书法技艺的传承，也是对书法美学的探索与发扬。南构字库逐渐受到关注，成为字体设计界一颗耀眼的明星。

南构字库由一群充满梦想的字体设计师共同创立，他们对书法之美怀有敬畏之心，渴望将这份热爱转化为创新的动力。品牌成立之初，就设定了“专为书法家设计字库”

的宏伟目标。南构字库不仅仅是一种工具，它更是对书法艺术传统的致敬和延续，每款字体都凝聚了设计师的心血和智慧，体现了对书法艺术的无限敬意。

南构字库的设计团队始终秉承“创新、精湛、传承”的设计理念，不断探索和尝试，创作出一系列风格独特、美观的字体作品。每款字体都体现了设计师对传统与现代融合的深刻理解，展现了独特的美感和艺术价值。这些精心设计的字体最终在字体家平台发布，受到了书法爱好者和设计师的喜爱并被其采用，为传统书法艺术注入了新的活力和创意。

经过团队的不懈努力，南构字库已开发出近**400**款系列字体。这些字体在设计风格上各具特色，且在用户中获得了广泛赞誉。用户们对南构字库的创新性和独特性给予了高度评价，认为这些字体不仅展示了设计师的才华，也为书法艺术带来了新的可能性和活力。

南构字库的发展不仅仅是一段创业历程，它更是对传统文化的传承与创新，对艺术的敬畏与追求。展望未来，南构字库团队将继续探索和前行，为广大字体爱好者带去更多的惊喜和启发。

筑梦笔记

在每一款南构字库的作品中，我们都能感受到传统与现代的碰撞，艺术与技术的交融。

南构字库光芒熠熠，不仅照亮了文字的美感，更为我们指明了传统文化的传承之路。

让我们怀抱热诚与梦想，共同承载着这片文化的热土，让艺术之光，继续闪耀在每一个灵感的瞬间，延续永恒的魅力。

书法与太极的邂逅

2017年的春天，仿佛是命中注定的相遇，我怀着火热而兴奋的心情，踏入阿里巴巴太极禅苑，开始了一场个人书法展的旅程。这片院落，坐落于杭州西溪湿地，散发着传统与现代的独特魅力，展现着太极哲学的深邃内涵。

在这充溢禅意的空间里，我的书法作品仿佛是心灵的延伸，在洁白的墙面上跃动着浓淡相间的墨痕，每一笔每一画都承载着我对生活、对艺术的热忱与思索。站在作品前，我感受到一股深沉的满足和幸福，那些墨迹仿佛在述说着我的情感，对我的梦想娓娓道来。

展览的背后，有着太极禅苑院长陈伟先生无私的支持和鼓励，他的信任和支持，如同一股充满暖意的风，让我有了展示自我的舞台，让我的书法之梦得以在更广袤的天空中绽放。

在展览的每一刻，我不仅仅展示作品，更是在传递一种情感，一种责任。将书法销售所得捐赠给无障碍公益项目，是我内心深处对社会的回馈，对弱者的关照之举。这不仅仅是慈善行为，更是我对美好社会的执着向往和真挚期许。

这次书法展让我深刻感受到艺术之美与公益之心的交织，我愿怀揣着热爱和责任，将书法之美传承下去，为这个世界带来更多温暖。在太极禅苑，我找到了情感的驿站和激情的源泉，我将继续谱写属于我的美好未来。

从竹子到汉字："叶根友微刚体"的灵感与创造

“叶根友微刚体”这款字体，是力量与美感的结晶，其灵感源自一次偶然的乡间经历。

记得有一次，我重返故里，为祖先的墓地除草砍竹，以表敬意。手握砍刀，我奋力劈下，却被那竹子断裂处整齐而有力的 **45°** 斜面深深吸引。

那切口，如同大自然巧夺天工的艺术品，展现出一种朴素而纯粹的美感。我蹲下身来，仔细观察那些被砍断的竹根，忽然灵光一现：这不正是汉字竖画的绝妙隐喻吗？竹子的直立不屈，恰似汉字的遒劲有力。

我迅速用手机记录下这些竹根的姿态，心中萌生了将这份自然之美融入字体设计的构想。回到工作室，我反复端详这些照片，思索如何将竹节的斜切巧妙地融入汉字的骨架。

回到杭州，我便开始了这款字体的设计工作。我深知，一款成功的字体，需风格一致，用途明确，是用于正文，还是标题，或是海报，设计之初就要确定整体方向。

我首先尝试以书法的形式捕捉竹子的风骨，但初稿显得突兀，缺乏和谐。继而尝试卡通风格，依旧不尽人意。我深知，任何创作首先要打动自己，方能得心应手，持之以恒。字体设计非朝夕之功，它不同于设计海报，只需寥寥数字，而是要确保风格贯穿始终。

在不断的尝试中，我度过了一周的时光，仍未找到满意的融合方法。然而，灵感往往在不经意间迸发。一日午休，在我半梦半醒间，脑海中突然浮现出字体的轮廓，由模糊到清晰。我兴奋不已，立刻起身，将那字的雏形勾勒于纸上。形态便是笔画挺直，末端带有 **45°** 斜切的设计，仿佛将竹林的砍伐姿态定格于纸上。我想，当这些字排列成行，必将展现出非凡的视觉效果。这款字体，最大的特色在于每一竖画的底部都是斜角的尖峰，而上部则自然地呈现汉字的韵味。这便是我第一次从大自然中汲取灵感，设计出的字体。

经过无数次的尝试与调整，我终于完成了“叶根友微刚体”。这款字体不仅捕捉了竹子的自然之美，更赋予了汉字一种新的力量感。每一笔每一画，都蕴含着竹子的挺拔与坚韧，仿佛在诉说着自然与文字的不解之缘。

“叶根友微刚体”的诞生，是对自然艺术的颂歌，也是对生活细节中灵感的珍视。每当我凝视这款字体，仿佛再次置身于那片竹林之中，感受着自然的无尽魅力。

筑梦笔记

“叶根友微刚体”的诞生，是对自然艺术的致敬，更是对生活中细微灵感的捕捉。每当我看到这款字体时，仿佛又回到了那片竹林，感受到自然的无穷魅力。这次创作经历提醒我，灵感常常源于生活的点滴，只要用心观察，自然的馈赠无处不在。

韩剧灵感下的字体创作

2014 年，我沉醉于韩国古装剧的韵味之中，尤其是剧中出现的那些书法作品，让我深刻感受到了韩国书法与中国书法的相通与差异。

《千秋太后》这部韩剧，剧名四个汉字深深吸引了我的目光。那遒劲的笔法、隶书的风骨，蚕头雁尾的韵味，以及那高扬的尾端，无不展现出强烈的感染力和辨识度。从书法的角度欣赏，这四个字不仅彰显了韩国书法家的深厚功底，更透露出每一笔每一画中的情感投入，那份认真，起笔与落笔间的豪迈与自信，令人印象深刻。

我始终认为，书法创作不应局限于模仿历代书法家的笔迹，而应融入个人的意识形态和独到见解。创作的书法作品应具有辨识度，让人一眼便知其出处。

这部剧的书法装饰给了我极大的启发，我感受到了韩国书法的古朴、力道与风骨。他们的创作中有一种以自我为中心的理念，这或许就是传说中的韩国书道。

某夜观剧后，我萌生了一个想法：何不根据“千秋太后”的字体风格创作一套书法字体？

在正式书写之前，我先在纸上模仿那种风格，初稿难免生硬，缺乏洒脱。但经过无数次的练习与对照，我最终确定了这套字体的风格——夸张而张扬的隶书。在传统隶书的基础上，融入现代书法的特色，我想，这正是创新的路径。

三个月后，这套字体终于完成。在创作过程中，我也曾担心风格是否过于夸张，但转念一想，唯有敢于超越，方能独步江湖。

为这套字体命名时，我遵循了自己的一贯风格，将我的名字与字体的风格结合，如“叶根友毛笔行书”，简洁而直观。最终，我将这套字体命名为“叶根友千秋字体”，既易于记忆，又便于传播，将电视剧的名称巧妙融入，也算是对该剧的一种致敬。

这款字体发布后，不可避免地引来了一些批评。在我看来，这是创新的必然。每一次创新，都是在挑战传统，引发争议。而我，正是在争议中坚持自我的人。

这段经历教会了我探索与创新的重要性。通过欣赏韩国书法，我领悟到了不同文化中的书法艺术之美，并将其融入自己的创作。即使面对批评与争议，我依然坚守自己的艺术信念，因为每一次创新，都是艺术领域新可能的开始。

22. 字体设计 AI 新纪元

我与 AI 造字的缘起

自 2017 年起，我便萌生了一个念头：是否能用一种简便的方法来创造字库，比如利用大数据或大部件的方式与字体结合。我想到了汉字大部件的方法——例如，汉字中有多少以“人”字旁构成的字，如“任”、“仁”、“什”等，以及以“氵”为部首的字，如“汁”、“活”、“海”。这些字的部首若能只设计一次，再与其他部件结合，便能大幅减少设计的工作量。这样，大约设计 1000 个字就能满足基本需求，相比起 6763 个汉字的标准，工程量显著减少。

一次偶然的机会，我在招聘网站上寻找技术人员时，遇到了陈泵——一位刚大学毕业的年轻人。他不仅技术出色，而且与我有着相似的商业逻辑和商业思维。我们很快达成了合作协议，为字体家网站和中华签名网提供技术支持。

两年多的时间里，陈泵负责了字体家网站和中华签名网的许多功能开发。随着他所在公司的解散，我邀请他全职加入我们团队。我们一同前往北京和上海，寻求互联网专家的建议和支持。在这个过程中，陈泵组建了一支技术团队，攻克了一个又一个技术难题。

经过两个月的努力，我们对网站的风格和功能进行了一系列的改进，一一实现了我之前的设想。我向陈泵提出了我关于提升字库制作效率的构想，他提出了利用 AI 算法的可能性。经过近一年的研究和开发，我们的 AI 造字 1.0 内测版本终于问世，虽然最初的效果并不理想，但这是我们迈出的第一步。

在开发过程中，我们遇到了无数挑战，包括服务器故障导致的数据丢失，但这些困难并未击垮我们。我们北上拜访专家，不断学习和改进。初版发布后，市场反响并不热烈，但我们没有放弃。经过半年的努力，我们的2.0版本上线，这次我们实现了质的飞跃。我们升级了造字模型，扩充了模型容量，可以一键生成多种书法字体，得到了用户的一致好评。

随着新版本的发布，用户量的激增让我们的服务器面临挑战。陈泵提出了使用云服务的解决方案，实现了自动扩容和缩容，大大降低了成本。如今，AI造字的成本逐渐降低，我们能够以更低的价格为行业带来便捷的造字服务，这是我最大的欣慰。

我们的目标是持续降低成本，提高产品质量，为用户提供更好的体验。经过这些年的努力，我和陈泵的合作更加紧密，我们坚信AI造字将迎来更加光明的未来。这是一段关于创新、坚持和合作的旅程，我们的故事还在继续。

AI神笔造字

在这个充满创新与惊喜的时代，传统艺术与科技的结合，绘制出一幅丰富多彩的画卷。让我们走进 AI 神笔造字系统的世界，探索字体设计的未来，体验智慧与美学的和谐统一。

2024 年，我与字体家神笔团队共同推出了备受期待的 AI 神笔造字系统，开启了字体设计的新纪元。这一系统的推出，标志着人工智能技术在汉字字体设计领域的深入应用，为设计师和创作者提供了全新的创作平台和无限可能。

AI 神笔造字的总技术工程师陈泵先生，经过近两年的深入研究，对系统进行不断升级优化，克服了重重困难，最终成功推出了现在的 AI 神笔造字系统。该系统最令人赞叹的是，仅需设计 8 个汉字，便能生成包含 6000 多个汉字的中文字体库，极大拓展了字体设计的潜力和便利性。

这一系统的工作原理宛如一场精彩的魔术表演，通过数字化技术与人工智能的结合，使设计师能够轻松定制出符合个人风格和需求的独特字体。AI 神笔造字系统的推出，不仅极大地方便了设计行业，更引发了字体设计领域的一场革命。

正如字体所承载的文化内涵和美学价值，AI 神笔造字系统的问世不仅是技术上的突破，更是对传统文化传承与创新的体现。这一系统的推出将引领汉字字体设计的未来趋势，为文化创意产业注入新的活力。

总而言之，AI 神笔造字系统的推出既是技术创新的体现，也是艺术传承的延续。我与神笔团队的合作开启了字体设计的新篇章，我们共同见证了人工智能与艺术的完美融合，为汉字字体设计带来了新的可能性，并为中华文化的传承注入了新的活力与创造力。在未来的发展中，AI 神笔造字系统将继续以其艺术的光芒，书写字体设计的新篇章。

筑梦笔记

AI 神笔造字系统的问世，标志着技术进步与文化传承的完美融合。这一创新不仅开辟了设计领域的新天地，更赋予中华传统文化以时代气息。让我们携手共进，迎接 AI 神笔造字系统带来的辉煌成就，续写字体设计领域的辉煌篇章。

温情岁月

2024年，我趁着春节的闲暇时光，决定解决一件长久以来挂念的心事。十几年前，我曾向张洪英老先生借了十元钱，由于常年在外，一直未能当面感谢并归还。

张老师的家位于一栋建筑的六楼，室内空间宽敞，充满了艺术与人文的氛围。他们一家人热情接待了我，我们一边闲聊家常，一边讨论着各种有关书法和诗歌的话题。

张老师还带我参观了他的书法工作室，那一刻，我深刻体会到艺术的魅力和文化传承的重要性。我找到了一种久违的安宁与满足感。当张老师亲手将那份意义非凡的诗稿递给我时，我内心涌现出一股激动和责任感。这份诗稿不仅是一份珍贵的礼物，更是一份沉甸甸的期望，是对我的信任和鼓励。它成为了我精神财富的一部分，是照亮了我未来旅程的灯塔。

畲乡奇才

书法奇才叫根友，五龄起步气如牛。
志存高远勤求索，一叶轻舟瀚海游。
五笔同字扬美誉，千家专访赞奇才。
漂洋过海献字艺，传播文明得胜回。

绿谷幽兰

穷人儿女早当家，少小辍学自磨砺。
大地为台沙作纸，树枝为笔尽情摹。
抗寒耐冻炼筋骨，风雨奔波力拼搏。
沐浴春风花烂漫，幽兰香溢满山坡。

生命中的每次相遇都是宝贵的缘分，每一段情谊都值得我们去珍视和呵护。我会将这份深情与感动永存心间，继续在艺术的道路上探索前行，常怀感恩之心，积极回馈社会，用我的艺术作品传递更多的温情与希望。

筑梦笔记

在快速发展的时代，利用科技为社会带来温暖和感动，是我不变的追求。AI 造字不仅是创作，更是传递希望与爱的方式。

后记

岁月匆匆，时光流转。在这本书中，我缓缓铺陈了自己的人生历程，细述了从一名乡村少年到成为书法家的奋斗故事。每一页，每一行，都承载着我内心深处最真挚的情感。如今，书籍即将问世，我心中涌动着无尽的感激与感慨。

自2007年起，我便开始着手整理这本书的内容。出版这本书的初衷，是想将我的真实故事分享给每一位读者，尤其是年轻朋友，希望能为大家带来一些启示。

生活之苦，每个人都曾经历。如何能在困苦中挣扎，保持积极的心态，不受负能量侵蚀，是值得我们深思的一件事。我们无法选择出生的起点，但通过不懈的努力，我们可以改变自己的命运，不过这需要我们勇于克服一切困难，勇敢面对每一次挑战。

这本书历经多次修改。最初的草稿，是我亲手敲打键盘，一字一句累积而成的十几万字。虽然文笔可能不够流畅，但每个字都饱含着我的真挚情感；第二版，是在夏海鹏老师的精心修改下，赋予它武侠般的豪情；第三版，由孙菁颐老师在我的原始素材上进行了扩写和润色；张晓明老师则以古诗文的风格，赋予它传统的魅力；知名作家于辉老师也曾对本书内容进行过指导。最终出版的版本，是在中国经济出版社崔姜薇老师和王骏雄老师的指导下完成的。在此，我要向所有对本书出版作出贡献的人，表达我最诚挚的感谢！

我还要特别感谢太极禅苑院长陈伟先生，他的智慧和人生经验给了我极大的启发。以及无锡的好友谈锋先生，他的细心与人格魅力也让我深感钦佩。

从梅坞村的田野到温州的繁华街道，我的人生之路充满了坎坷与挑战。但正是这些经历，塑造了今天的我。回首往昔，那些艰难的岁月，那些汗水与泪水交织的瞬间，那些不眠不休的奋斗之夜，都成为我宝贵的财富。每一次经历都是一次磨砺，磨炼了我的意志，塑造了我的精神。

在这段旅程中，我深刻体会到梦想的力量。无论我们身处何种环境，无论面临怎样的困境，只要心中有梦，脚下就有路。正如我在书中所说，每一次挑战都是成长的机遇，每一份苦难都是心灵的磨石。只要我们不放弃，对未来保持坚定的信念，就一定能开辟出属于自己的光明大道。

在写作这本书的过程中，我不断回想起那些在我困难时刻给予我帮助的人。特别是张洪英老先生，他的 10 元钱不仅解决了我的燃眉之急，更让我深刻理解了感恩与回报的重要性。正是这些温暖的人，让我在奋斗的路上不再孤单。

我还要感谢我的家人，他们是我最坚强的后盾，是我心灵的避风港。没有他们的支持和理解，我无法走到今天。每当我感到疲惫和迷茫时，家庭的温暖总能给予我力量，让我重新振作，继续前行。

这本书不仅是我个人经历的总结，更是对所有正处于奋斗阶段的人的一种激励。我希望我的故事能给大家带来一些力量。无论你现在处于人生的哪个阶段，无论你面临怎样的困难和挑战，都请记住，梦想的力量是无穷的。勇敢地追寻自己的梦想，无畏地面对生活中的每一个挑战，你一定能创造出属于自己的精彩人生。

最后，我想用一句我最喜爱的话来结束这篇后记：“无论前路多么曲折难行，只要心中有光，就能照亮前行的方向。”

感谢每一位读者的支持和陪伴。愿你们在这本书中找到共鸣，找到力量，找到前行的方向。愿我们都能成为自己心中的英雄，用自己的方式，去创造一片属于自己的天地。

梦想属于每一个人，广大劳动群众要敢想敢干、敢于追梦。说到底，实现中华民族伟大复兴的中国梦，要靠各行各业人们的辛勤劳动。现在，党和国家事业空间很大，只要有志气有闯劲，普通劳动者也可以在宽广的舞台展示自己的人生价值。

2016 年 4 月 26 日
习近平总书记在知识分子、劳动模范、青年代表座谈会上的讲话
（叶根友硬笔行书）

我们生活的世界充满希望，也充满挑战。我们不能因现实复杂而放弃梦想，不能因理想遥远而放弃追求。

2017 年 10 月 18 日
习近平总书记在中国共产党第十九次全国代表大会上的报告
（叶根友硬笔楷书）

广大青年既是追梦者，也是圆梦人。追梦需要激情和理想，圆梦需要奋斗和奉献。广大青年应该奋斗中释放青春激情、追逐青春理想、以青春之我奋斗之我，为民族复兴铺路架桥，为祖国建设添砖加瓦。

2018 年 5 月 2 日

习近平总书记在北京大学师生座谈会上的讲话

（叶根友硬笔楷书）

新征程是充满光荣和梦想的远征。蓝图已经绘就，号角已经吹响。我们要踔厉奋发、勇毅前行，努力创造更加灿烂的明天。

2022 年 10 月 23 日
习近平总书记在第二十届中央政治局常委同中外记者见面时的讲话
（叶根友硬笔行楷）

实现中华民族伟大复兴的梦想，需要海内外中华儿女共同奋斗。

我们要巩固和发展最广泛的爱国统一战线，齐众心、汇众力、聚众智，形成同心共圆中国梦的强大合力！

2022年12月30日
习近平总书记在全国政协新年茶话会上的讲话
（叶根友硬笔楷书）

徒然咨嗟抚遗迹，
至今梦想仍犹佐。

杜甫《忆昔行》
（叶根友硬笔楷书）

我欲因之梦吴越，
一夜飞度镜湖月。

李白《梦游天姥吟留别》
（叶根友硬笔楷书）

故人入我梦，
明我长相忆。

杜甫《梦李白二首·其一》
（叶根友硬笔楷书）

桃花气暖眼自醉，
春渚日落梦相牵。

杜甫《昼梦》
（叶根友硬笔楷书）

庄生晓梦迷蝴蝶，
望帝春心托杜鹃。

李商隐《锦瑟》
（叶根友硬笔楷书）

夜阑卧听风吹雨，
铁马冰河入梦来。

陆游《十一月四日风雨大作》
（叶根友硬笔楷书）

醉里挑灯看剑，
梦回吹角连营。

辛弃疾《破阵子·为陈同甫赋壮词以寄之》
（叶根友硬笔楷书）

梦回人远许多愁，
只在梨花风雨处。

辛弃疾《玉楼春·风前欲劝春光住》
（叶根友硬笔楷书）

夜月一帘幽梦，
春风十里柔情。

秦观《八六子·倚危亭》
（叶根友硬笔楷书）

寻梦？撑一支长篙，向青草更青处漫溯，满载一船星辉，在星辉斑斓里放歌。

徐志摩《再别康桥》
（叶根友硬笔行楷）

是男儿总要走向远方，走向远方是为了让生命更辉煌，走在崎岖不平的路上，年轻的眼眸里装着梦，更装着思想。

汪国真《走向远方》
（叶根友硬笔隶书）

真正的勇气不是在顺境中昂首阔步，而是在逆境中依然不失信念，勇往前行。

叶根友《书法筑梦》
（叶根友硬笔楷书）

每个人的生命中，都可能会有那么一段时间，我们迷失方向，忘记初心。但正是这些低谷时刻，让我们有机会停下脚步反省和思考。不论遭遇何种困难，都不放弃对美好生活的追求。因为最终能够救赎我们的，只有我们自己。

叶根友《书法筑梦》
（叶根友硬笔楷书）

每一幅书法作品，都源于一个深深的信念。我用我的笔，书写了我的信念和梦想。我的故事告诉你，只要我们有信念，有梦想，

叶根友《书法筑梦》
（叶根友圆趣卡通）

我们就能创造出触动人心的作品。让我们一起，用我们的笔，书写我们的信念，书写我们的梦想。因为，只有信念和梦想，才能让我们的生活充满意义和价值。

叶根友《书法筑梦》
（叶根友创意手写）

无论前路多么曲折难行，只要心中有光，就能照亮前行的方向。

叶根友《书法筑梦》
（叶根友硬笔隶书）